地理史话

王渝生 主编

张邻 编著

中国科技史话·插画本

THE HISTORY OF SCIENCE AND TECHNOLOGY IN CHINA

上海科学技术文献出版社
Shanghai Scientific and Technological Literature Press

图书在版编目（CIP）数据

地理史话/张邻编著. —上海：上海科学技术文献出版社，2019 (2022.5重印)
（中国科技史话丛书）
ISBN 978-7-5439-7815-7

Ⅰ.①地… Ⅱ.①张… Ⅲ.①地理学史—中国—普及读物 Ⅳ.①K90-09

中国版本图书馆CIP数据核字（2018）第298956号

"十三五"国家重点出版物出版规划项目

选题策划：张　树
责任编辑：王倍倍　杨怡君
封面设计：周　婧
封面插图：方梦涵　肖斯盛

地理史话
DILI SHIHUA
王渝生　主编　张　邻　编著
出版发行：上海科学技术文献出版社
地　　址：上海市长乐路746号
邮政编码：200040
经　　销：全国新华书店
印　　刷：昆山市亭林印刷有限责任公司
开　　本：720×1000　1/16
印　　张：9
字　　数：125 000
版　　次：2019年4月第1版　2022年5月第3次印刷
书　　号：ISBN 978-7-5439-7815-7
定　　价：40.00元
http://www.sstlp.com

目录 Contents

第一章 中华文明系统地理理念的诞生 / 1
中华祖先地理认识的觉醒 / 1
神话传说"大禹治水"和《禹贡》/ 4
荒诞古怪奇书《山海经》和《山经》/ 6
中国大型水利工程的隆重登场 / 13
2300年前的木板地图惊艳亮相 / 21

第二章 秦汉寰宇地理学的形成 / 23
帝国疆域与寰宇地理视野是怎样练成的 / 24
探险格局逆袭与寰宇地理学的升华 / 28
第一次以"地理"命名的书籍 / 40
全球奇观——古运河灵渠 / 43
世界彩色地图的鼻祖——马王堆地图 / 44

第三章 魏晋南北朝地理学的特殊亮点 / 47
中国科学制图学之父 / 47
"沧海桑田"——美丽神话中的科学认知 / 51
宇宙奇书——《水经注》密码 / 55
第一个到西天取经的老和尚 / 58

第四章 唐宋地理学的华丽篇章 / 63
世界奇迹——南北水路交通大动脉 / 64
《西游记》和《大唐西域记》/ 66
神秘子午线的世界首测 / 70
中国科学史的里程碑——《梦溪笔谈》/ 73

地理文化的一朵奇葩 / 75
创新测绘技术在地图上的应用 / 82
"一带一路"——丝绸之路的盛世新生 / 85

第五章　元明东西方文化交融中的地理学 / 92

全国综合性地理著作——《元一统志》/ 93
东西方文化交融中的地理学 / 94
精确地图学家——朱思本 / 100
第一次国家考察母亲河发源地 / 102
郑和七下西洋与"地理大发现" / 103
人文地理学的先驱者——王士性 / 106
千古奇人奇书——徐霞客及其《徐霞客游记》/ 107
潘季驯"束水攻沙"真相 / 112

第六章　清朝集大成地理学的辉煌 / 115

西方先进地理知识的引进 / 115
灿若繁星的地方志 / 124
地理古籍整理的高潮 / 125
近代中国外国地理学开山之作——《海国图志》/ 129
地图系统汇编的新巅峰 / 131
用200年写成国家地理总志 / 136
中国近代地理科学的创立 / 138

1 中华文明系统地理理念的诞生

中华祖先地理认识的觉醒

中华祖先地理认知的觉醒是随着人类的产生而产生，随着社会的进化而不断发展的。

在原始社会，早期人类依靠渔猎、采集食物作为维持生活的手段之际，就必须对自己周边地理情况有所了解，对渔猎场所、食物采集地域等做到心中有数，否则很难生存。而当人类社会进步发展到定居农耕时代，就更需要了解居住地区的自然地理状况，充分掌握地形道路、土壤、水道河流、气候变化及其与种植物的相关联系之后，才能确定定居点以及如何种植蔬菜、粮食等。由此可见，中华祖先地理知识的觉醒是随着人类文明的产生而逐渐开始的，并且随着社会的发展进步而不断成熟起来。

根据迄今为止大量的考古发掘，从距今约170万年前的云南元谋人遗址，到距今约18000年前的北京周口店山顶洞人遗址等

周口店山顶洞

西安半坡仰韶文化遗址

众多的人类文化遗存中，都可以看出那时人们对岩石、地形等地理要素已积累了不少知识。如山顶洞人所处的自然地理环境和现在当地的情景相似，山上有茂密的森林，山下有广阔的草原，虎、洞熊、狼、似鬃猎豹、果子狸和牛、羊等生存于其间。山顶洞人以渔猎和采集为生，在遗址中发现了大量的野兔和数百个北京斑鹿个体的骨骼，野兔和斑鹿应该是山顶洞人狩猎的主要对象。在遗址中还发现了鲩鱼、鲤科的大胸椎和尾椎化石，说明山顶洞人已能捕捞水生动物，把生产活动范围扩大至水域，这也标志着人类认识和利用自然地理环境能力的提高。

而到了定居农耕的母系氏族和父系氏族社会时期，人们对周围地理环境的认识和地理观念有了显著扩大。首先，在居住地的选择上就表现了强烈的地理意识。人们选址一般在河流两岸经长期侵蚀而形成的阶地上，或在两河汇流处较高而平坦的地方，这里土地肥沃，有利于农业、畜牧，取水和交通也很方便。如西安半坡仰韶文化遗址是黄河流域一处典型的新石器时代母系氏族聚落遗址，距今5600—6700年，人们已经有了明显的地理认知，房屋大多朝南开门；一些墓葬排成间距大致相同的东西一线。又如同样也是新石器时代母系氏族聚落遗址临潼姜寨的村落遗址，有100多座房屋，分为5组围成一圈，四周壕沟环绕，表示人们的地理方位概念很强，并能够应用到实际生活和劳动中。

中国祖先很早就开始记录和总结自然地理知识。到了夏商周时期（约公元前2100—前771），随着文字的出现，已有了较多当时的地理认知记录。如商朝甲骨文中，对气象的观测十分注意，有关于风、云、雨、雪、雹、雷、虹的记载，并关心风、雨等对农业收成的影响；天文历法方面，有月食、日食和鸟星、新星、新大星等星象材料，也有"十三月"、频大月等闰置材料和干支记日及每日不同时间段的"时称"等。

周朝对地理环境很重视，非常注意居住区地理条件的好坏。如周成王准备建都洛邑（今河南省洛阳市）时，就先派召公去洛邑一带踏勘地形，后又派周公去现场考察，并绘成地形图让周成王审定。

保存至今的周朝诗歌总集《诗经》中，有关商周时期历史自然地理知识方面的记载颇多，涉及历史地名学、历史自然地理学及历史人文地理学的诸多学科领域，反映了当时人们对流水地貌、土壤、植被等方面地理知识的掌握。特别是商周时期还设有许多与地理相关的专门官职。如"司徒"（金文作司土）一职，就是主管民众教化、土地耕作的行政事务，其下还专门设置了"土训"的官署，负责向帝王报告各地山川地势、土质好坏、土地所宜生产及相关地图等，供君王咨询；而"司马"一职，是主管军赋及军事地图的官职。正是因为周朝君王对地理环境的重视，所以周族所兴周原一带，自古以来就是平衍沃野之地，自然地理条件非常优越，因而对日后周族社会经济的发展起到了十分重要的积极作用。

中国"地理"一词，最早见于公元前400年成文的《易经·系辞上》："仰以观于天文，俯以察于地理"。其"地理"就是指地球表面的意思。对此，唐朝的孔颖达（574—648）解释说："天有悬象而成文章，故称文也；地有山川原隰（xí）各有条理，故称理也。"中国古代把日月星辰等天体在宇宙间分布运行等现象，称之为天文，甚至把风、云、雨、露、霜、雪等地文现象也列入天文范围；而将土地、山川等环境形势称为"地理"，今天"地理"是指全世界或一个地区的山川、气候等自然环境及物产、交通、居民点等社会经济因素的总体情况。《易经·系辞上》中将天文与地理并称，反映了中国古人以天地代表自然的观念。古代的地理学主要探索关于地球形状、大小有关的测量方法，或对已知的地区和国家进行描述。

到了春秋战国时期，地理学已在许多方面取得了杰出的成就。战国以后，逐渐形成传统的地理学，即所谓"方舆之学"。

总之，从中国祖先最早的地理认知觉醒到夏商周时期，我国古代人民已对一些区域的地理现象及一些自然地理要素的特征，有了相当程度的认识，并且已经密切融合到社会政治、经济、文化和生活中去了。

神话传说"大禹治水"和《禹贡》

传说约在公元前 2100 年的夏禹时期，黄河一带经常闹水灾。凶猛的洪水冲毁了田地和房屋，给国家和百姓带来极大的灾难，人们流离失所，无家可归。于是，夏朝开国君王大禹决定去治理洪水。大禹带领老百姓日夜不停地凿山开渠，常常忙得顾不上吃饭睡觉。那时大禹新婚不久，有一次，他妻子生下了儿子，婴儿正在哇哇啼哭，大禹在门外经过，听见哭声，可是怕耽误治水，狠下心没进去探望。几年后，大禹又经过家门口，妻子抱着儿子站在门口，儿子挥着小手在叫爸爸。大禹深情地望了他们母子一眼，又抓紧时间赶路了。又过了几年，大禹第三次经过家门口，儿子已经十多岁了，第一次看到父亲，正想多说两句，可大禹没时间，只是让儿子告诉妈妈，等治好洪水后一定回家。大禹说完就脚不停步地向前奔去。大禹三过家门而不入，不辞辛劳，废寝忘食，一心治理洪水。经过 13 年的艰苦劳动，洪水终于被制服了，人们过上了安定的生活。从此，大禹的名字世代相传。

我国古代著作《尚书》中的一篇《禹贡》，被认为是记述大禹治水业绩的古老文献。其实，《禹贡》是假托大禹之名，写作于春秋战国之际（约公元前 500）的一部古老地理著作，它系统地反映了当时人们对区域地理的认识。

《禹贡》是中国第一部王朝政治地理著作，也是我国第一部系统地理著作，更是世界上最早的区域地理著作。《禹贡》文字精练，叙事概括，记载了丰富的地理知识。《禹贡》虽然全文仅 1 193 字，却系统准确地记述了当时全国的疆域、政区、山脉、河流、湖泊、土壤、物产、农牧业生产、手工业产品、贡赋、交通路线等。如此系统全面地记述全国地理物产概貌的著作，在当时的中国还是第一部。《禹贡》全部内容可分为如下四部分。

第一部分，九州。《禹贡》以区域对比的方法，以自然地理实体（山脉、河流等）为标志，将全国划分为 9 个区（即"九州"），即：冀州（今山西省、河北省、辽宁省辽河以西）、青州（山东省东部）、兖州（今山东省西部）、徐州（今山东省南部、江苏省北部、安徽省北部）、扬州（今江苏省南部、安徽省南部、浙江省北部、江西省北部）、豫州（今河南省）、雍州（今陕西省、甘肃省）、荆州（今湖南省、湖北省）、梁州（今陕西省西南地区、四川省）。分别对各州疆域、山川、土壤、植被、物产、民族等进行介绍，系统地反映了当时人们对区域地理的认识。九州直到今天还是中国的代称之一，其中有的州名在现今的地名中还在沿用。

第二部分，导山。将全国的山脉分为四列，以专题形式来加以叙述主要山脉的名称、分布特点及治理情况，并说明导山的目的是为了治水。

第三部分，导水。依次叙述了弱水、黑水、河水（黄河）、江水（长江）、汉水、济水、淮水、渭水、洛水9条主要河流和水系的名称、源流、分布特征，以及疏导情况。

第四部分，五服制。这是一个理想的政治地理制度，叙述在国力所能管控的范围，以京都为中心，由近及远，分为甸、侯、绥、要、荒五服，并规定了相应的管理方法及赋役交纳等级，从整体区域角度记述政治和社会生活。

《禹贡》中首先叙述九州分布和交通地理，随后记述山脉和水流，在《禹贡》的地理观中，高度重视河流和山脉，勾画和奠定了中国地理的基本形势和构架。九州一节中，呈现的是一幅由诸河流所沟通的全国一统图，全国贡赋从四面八方不同的河流进入黄河，最后汇聚于

大禹三过家门而不入

京都——洛阳。夏、商、周三朝,洛阳一直是首都。由此可见,在《禹贡》的天下观中,正是纵横交汇的河流,才将全国大地贯通为一个天下一统的华夏世界。

从《禹贡》的记载可以看出,当时人们已掌握了我国地势西高东低;山岳分布西部集中、东部分散两大特征,同时对境内的主要水系也有了深刻了解,反映了当时土壤分类的萌芽和水道系统的观念。书中对境内自然地理现象的观察也相当准确,对各州的描写也都比较真实,如关于东部兖、徐、扬三州自然景观的描述比较写实,由兖州南下至徐州,这些地方已呈现草木日趋繁盛的面貌,而南方的扬州更是草木繁茂,正确反映了淮河下游和长江三角洲之间的自然景观变化。

由上可知,《禹贡》是一部包含了我国最古老的有关政治地理(九州制、五服制)、水文地理、山岳地理和经济地理等内容的系统区域地理著作,反映了早期人们的地理认知已经达到了一定水平。

《禹贡》是我国最早一部科学价值极高的区域地理著作,是在社会生产力水平低下、人们认知力普遍不足的历史条件下撰写的。《禹贡》突破了中国早期地理著作中传播的许多神秘观念,比较朴实地记录了全国范围内各种地理现象,是中国早期区域地理研究的典范,成为以后《汉书·地理志》《水经注》《元和郡县图志》《太平寰宇记》,以及唐、宋以来许多地理著作参照引用的重要对象,也是今天研究中国历史地理的重要参考文献。

荒诞古怪奇书《山海经》和《山经》

《山海经》是先秦古籍,是一部富于神话传说的最古老的地理书。它主要记述了古代地理、物产、神话、巫术、宗教等,也包括古史、医药、民俗、民族等方面的内容。除此之外,《山海经》还以流水账方式记载了一些奇异的事件,对这些事件至今仍然存在较大的争论。具体成书年代及作者不详。

《山经》,又称《五藏山经》,约成书于春秋战国时期,后来大概到汉朝,由《山经》《海经》和《大荒经》合并成为《山海经》。《山海经》全书现存 18 篇,据说原有 22 篇,约 32 650 字。

《山经》是一本纯粹记载山川地理、动植物和矿物等分布情况的地理著作;《海经》中的《海外经》主要记载海外各国的奇异风貌;《海内经》主要记载海内的神奇事物;《大荒经》主要记载了与黄帝、女娲和大禹等有关的许多重要神话资料,反映了中华民族的英雄气概。《海经》和《大荒经》的内容因传闻和神话较多,在地理学上的地位不如《山经》重要。

《山经》是中国历史上第一部自然地理著作。《山经》不仅是《山海经》各部分中写作时间最早的,也是全书中最为平实雅正的一部,从形式到内容都以叙述各地山川物产为主,而且地理价值也最大。虽说写了一些传闻、神话,但比例不大,基本上是一部反映当时真实环境状况的地理书。

《山经》又详略不一地描述了全国各座山脉的有关位置、水文(包括河流的发源、流向、湖泊、沼泽等)、动植物(包括其形态性能和医疗功效)、矿物特产(包括产地、色泽等特点)以至神话传说等的情况。

《山经》共分五卷 26 篇,取材、内容到结构都比较朴素,它是首次对超出黄河和长江流域之外的广大地区进行自然地理环境状况的综合概括描述,体现了中国古代的地理学家或博物学家第一次对祖国大地上的群山一一进行全面区划分析的努力。

《山经》注意编排走向不同、幅度不一、数量不等的山系,书中按方

《山海经》

位分为南、西、北、东、中五部分，按不同的走向，总共叙述了5大区、26列山系、447座山峰及其河流、地形、动物、植物、神话等内容。每列山系中，山峰的数目，从数座山到数十座山不等，其空间跨度也从数百千米到数千千米不等，其走向则东、西、南、北四方和四维皆有，体现了中国最早的地理学家尝试按照地理自然脉络走向，去组织和列举群山与河流的布局。

自古以来，中国地理学关注和描述的主要对象就是群山与河流，他们往往直接就将"地理"简缩为"山川"。从《山经》的内容可以看出，当时的地理认知已经有了很大进步。

首先，扩大了对我国区域地理的认识范围。《山经》对山岳的记述极为广泛，遍及全国广大地区。其中"南山经"所涉及的范围，大致东起浙江省舟山群岛，西抵湖南省西部，南达广东省南海；"西山经"大致包括东起山陕黄河，西抵鸟鼠山、青海湖一线，南自秦岭山脉，北到宁夏盐池西北、陕北榆林东北一线，西北及于阿尔金山的范围之内；"北山经"包括西起贺兰山，东到太行山，南起中条山，北到阴山及43°N一线的地区；"东山经"范围大致北起莱州湾，东抵成山角，西含泰山山脉的地区，其主要属于山东省境内，只有"东次二经"的南段部分位于苏赣境内；"中山经"则主要限于河南省、陕西省、湖北省三省交界及河南省的广大地区。

其次，加深了对"山脉"和"水系"概念的认知程度。《山经》所记述群山状况，一方面分成区、"段"（列），另一方面，每列的记述都按一定的顺序依次讲其走向、距离。虽然这些山是各自独立的山岳，相互不具连绵性，但是通过这种叙述方法，则不难看出这里包含的正是具有科学意义上的山脉概念的萌芽，显得十分珍贵。同样，《山经》在叙述河流时，不仅指出了各条河流的发源山岳、流向，还讲明了它们的交汇情况，显然已从单独的河流记述，逐渐形成相互关联的水系观念。

再者，清晰地反映了有关水文、地貌、物产等方面的地理认识。比如在《山经》所涉及的矿产资源中，仅金属产地就有170多处，其中提到的金属矿物名称就有金（黄金、赤金）、银、铜（青铜、黄铜）、铁、锡等10多种，认识到了自然地理状况对人类开发自然、利用自然的生活必要性。

当然，《禹贡》和《山经》仍有许多不可靠的内容，尤其是《山经》中包含了许多奇花异草、神禽怪兽的神话故事，以及虚构的山岳距离等内容，最有代表性的神话寓言故事有：夸父逐日、女娲补天、精卫填海、鲧禹治水等。虽然书中不免有失实和错误之处，但《禹贡》和《山经》作为我国现存最早的地理著作，称得上是研究我国古代地理的宝贵资料。

知识链接

夸父逐日

相传在远古时代，在遥远的北方荒野中，生活着一个叫夸父的巨人。他身强力壮，高大魁梧，意志力坚强，气概非凡，而且还心地善良、勤劳勇敢。那时候大地荒凉，毒物猛兽横行，人们生活凄苦。夸父为让本部落的人们能够活下去，每天都率领众人跟洪水猛兽搏斗。夸父常常将捉到的凶恶黄蛇，挂在自己的两只耳朵上作为装饰，抓在手上挥舞，引以为荣。

有一年，天气非常炎热，火辣辣的太阳直射在大地上，烤死庄稼，晒焦树木，河流干枯。人们热得难以忍受，夸父族人纷纷死去。

夸父看到这种情景很难过，他仰头望着太阳，告诉族人："太阳实在是可恶，我要追上太阳，捉住它，让它听人的指挥。"族人听后纷纷劝阻。有的人说："你千万别去呀，太阳离我们那么远，你会累死的。"有的人说："太阳那么热，你会被烤死的。"

夸父决心已定，发誓要捉住太阳，让它听从人们的吩咐，为大家服务。他

看着愁苦不堪的族人,说:"为了大家的幸福生活,我一定要去!"因为这个想法,他兴奋得一夜未眠。第二天,太阳刚刚从东方发出第一缕光芒,夸父就告别族人,怀着雄心壮志,向着太阳升起的地方飞奔而去。

太阳在空中飞快地移动,夸父在地上如疾风似的,拼命地追呀追。他穿过一座座大山,跨过一条条河流,大地被他的脚步震得"轰轰"作响,来回摇摆。太阳跑得飞快,夸父没有被困难吓跑,他镇定地擦了擦额头的汗,甩开大步,追着太阳一路奔跑,辽阔的大地上留下了他追逐的脚印。

夸父跑累的时候,就微微打个盹,将鞋里的土抖落地上,于是形成大土山。饿的时候,他就摘野果充饥,有时候夸父也煮饭。他用五块石头架锅,这五块石头,就形成了五座鼎足而立的高山,有几千米高,这就是赫赫有名的五岳。

夸父和太阳赛跑,快了,近了,就在眼前了,只要再前进几步,就可以把太阳抱在怀里;快了,近了,似乎可以触摸到了,他的信心越来越强。但是红彤彤、热辣辣的火球,发出的火焰越来越热,几乎要把夸父身体内唯一的一点水分都烤干。

夸父只好停下来,低下头,一口气喝光了黄河的水。这些水立刻从他的毛孔里蒸发出去了,他还是渴得要命。他又转过头,一口气喝光了渭河的水,他的心里还是觉得有团火在燃烧,依旧不解渴。路边有位老人看到了,好心地对他说:"年轻人,北方有一个很大的湖泊,那里的水取之不尽,用之不竭。"夸父又向北跑去。走啊走啊,也不知道走了多远,还是看不到北方那个大湖泊的影子。他太渴了,也太累了,再也坚持不住了。追逐太阳的巨人夸父就这样死了,死在追逐太阳的路上。

夸父临死的时候,心里充满遗憾,他还惦记着自己的族人,于是将自己手中的木杖扔出去。木杖落地的地方,顿时生出大片郁郁葱葱的桃林。这片桃林终年枝繁叶茂,果实累累,为往来的过客遮阴,长途跋涉的人经过那里,摘一个桃子吃,立刻满口生津,浑身有劲。

巨人夸父虽然没有追到太阳,但他仍然是个英雄,他对理想的执着追求令人钦佩不已。即使死后,夸父也为后来人留下了一笔珍贵的财富——一片可以帮助人们养精蓄锐、继续前进的桃林。

"夸父追日"的神话故事,表现了夸父无比的英雄气概和为后人造福的精神,反映了中国古代先民探索、征服大自然的强烈愿望和顽强意志,以及前人不忘造福后人的美德。

女娲补天

传说盘古开辟了天地后,女娲用黄泥造人,再赋予它们生命。从此女娲创造了人,人们世世代代繁衍生息,安居乐业,过着快乐幸福的生活。

然而,好景不长。一天夜里,女娲突然被一阵"轰隆隆"的巨大响声震醒了。她急忙起床,跑到外面一看,天哪!远远的天空塌下一大块,露出一个漆黑的大窟窿。地也被震裂了,出现了一道道大裂纹。山林燃烧着熊熊大火,许多人被火围困在山顶上;田野里到处是洪水,许多人在水里挣扎;毒蛇猛兽也出来吞食百姓。

原来是火神祝融和水神共工打仗,共工大败,恼羞成怒,一头撞向擎天柱不周山(今长子县境内,另说昆仑山西北),把支撑天地之间的擎天柱撞倒了。人类面临着空前大灾难。

女娲目睹人类遭到如此灾祸,感到无比痛苦,为了解救人类于水深火热之中,决定采石、炼石来修补破漏的天,以终止这场灾难。

女娲周游四海，遍涉群山，最后选择了天台山。天台山是东海上五座仙山之一，五座仙山分别由神鳌用背驮着，以防沉入海底。女娲之所以选择天台山，是因为只有天台山才出产炼石用的五色石，是炼补天石的绝佳材料，而且这里山高顶阔，水足石多，也是炼石的理想地方。

女娲经过千辛万苦，终于找到了红、黄、蓝、白四种颜色的石头，可还缺少一种纯青石。于是，她找了又找，终于在一眼清清的泉水中找到了。

女娲在天台山顶堆巨石为炉，取五色石为料，又借来太阳神火，将它们熔化成浆，历时九九八十一天，炼了块厚40米，宽80米的五色巨石，又用整整4年时间，炼就了36 500块五彩石，将天补好。最后还剩下一块没用上。

因为补天石材是五色的，现在，人们常常看见天边五彩的云霞，传说那就是女娲补天的地方。

天补好后，却找不到支撑四极的柱子，女娲担心天塌下来。这时有一只大龟游来，献出了自己的腿。女娲过意不去，将自己的衣服扯下来赠予它，从此龟游水不用腿而用鳍了。女娲用龟的四腿做了四根擎天柱，把倒塌的半边天支撑起来。

经过艰辛的努力，女娲终于补好了天，天地定位，洪水归道，烈火熄灭，天地间恢复了宁静，还出现了五彩云霞。一切生物又都生机勃勃地生活在大地上。人们在天台山载歌载舞，欢庆补天成功，同时在山下建立女娲庙，世代供奉，朝拜者络绎不绝，香火不断。

至今天台山上仍然留有女娲补天台，补天台下有被斩了足的神鳌和补天剩下的五彩石，后人称之为太阳神石。

"女娲补天"的神话表达了古人对大自然的抗争，这是一种舍己为人、不怕牺牲的精神。女娲所补的天，是自己头上的天；所撑的地，是自己脚下的地；所创造的是一个让人类和平生存的世界；所反映的是改造天地的雄伟气魄和拯救人类的伟大精神。

中国祖先已经充分认识到由于巨大的灾害所造成的地理环境恶化，会给自然环境带来决定性的重要影响。人类生存的基本分界线，往往取决于自然地理环境的分界线。女娲补天告诉我们，当代人类应该更好地处理天、地、人之间的关系。

精卫填海

华人（不仅汉族）都自称是炎黄子孙，将炎帝与黄帝共同尊奉为中华民族人文初祖，成为中华民族团结、奋斗的精神动力。

炎帝所处的时代为新石器时代。相传炎帝牛首人身，他亲尝百草，用草药治病；他发明了刀耕火种，创造了两种翻土农具，教民垦荒种植粮食作物；他还领导部落人民制造出了饮食用的陶器和炊具。

炎帝，是一个部落首领的尊称，那时国家还没有形成，所以首领没有后来帝王那么大权力，享有许多特权，而是纯粹的人民公仆，只有尽义务的份儿。首领的子女也没有什么太子、公主之类的特殊称呼，身份也和老百姓的子女一样。

炎帝有一个善良、可爱的小女儿，名字叫精卫，生性乖巧，性格开朗活泼，喜欢打抱不平。一天，她走出小村，找小朋友玩耍，看到一个大孩子把小孩子当马骑。小孩子都累趴下了，大孩子还不肯罢休。

精卫走过去，指着大孩子的脑门怒斥道："你这个人太不知羞耻，欺负小孩子算什么本事，有力气，去打虎打熊，人们会说你是英雄。"

大孩子见精卫是个小姑娘，生得单薄文弱，根本不把她放在眼里。他从小孩子背上跳下来，走到精卫面前说："我是海龙王的儿子，你是什么人？竟敢来管我！"

精卫说："龙王的儿子有什么了不起，我还是炎帝的女儿呢，以后你少到陆地上撒野，小心我把你挂到树上晒干。"

龙王的儿子说："我先让你知道知道我的厉害，往后少管小爷的闲事。"说着动手就打。精卫从小跟着父亲上山打猎，手脚十分灵活，力气也不小，见对方蛮横无理，并不示弱，闪身躲开对方的拳头，飞起一腿，将龙王的儿子踢了个嘴啃泥。

龙王的儿子站起来，不肯服输，挥拳又打，被精卫当胸一拳，打个仰面朝天。龙王的儿子见打不过精卫，只好灰溜溜地返回大海。

精卫从小就有一个梦想，希望见到无边的大海。小女孩一天天长大，也一天比一天漂亮。终于在她认为自己有能力找到大海的时候，她悄悄地离开了部落。最终她找到了大海，她为大海的伟大而陶醉，尽情在海中游泳。

正玩得十分开心，刚巧让龙王的儿子发现了。他游过来，对精卫说："还记得在陆地上打架的事情吗？让你捡了便宜，今天你跑到我家门前，赶快认个错，不然我兴风作浪淹死你。"

精卫倔强地说："我没错，认什么错。"

龙王的儿子见精卫倔强，根本没有服输的意思，立即搅动海水，掀起狂风恶浪，精卫来不及挣扎，就被淹死了。精卫的精灵因为愤怒而变成一只美丽、勇敢的小鸟，花脑袋，白嘴壳，红脚爪，发出"精卫、精卫"的悲鸣，所以，人们便叫此鸟"精卫"。

精卫痛恨无情的大海夺去了自己年轻的生命，她要报仇雪恨，决心要把大海填平。于是她夜以继日地从她住的发鸠山上用嘴衔来石头与树枝，投向大海，想把大海填平。

大海奔腾着、咆哮着，嘲笑她："小鸟儿，算了吧，你这工作就算干一百万年，也休想把我填平！"

精卫展翅飞翔在高空回答大海："我要干的！哪怕是要用上一千万年、一万万年，一直干到宇宙的尽头、世界的末日，我也要把你填平！"

"你为什么这么恨我呢？"

"因为你夺去了我年轻的生命，将来还会有许多年轻无辜的生命被你无情地夺去。我要永不休止地干下去，总有一天会把你填成平地。"

精卫飞翔着、鸣叫着，离开大海，又飞回发鸠山（距离山西省长子县城西

25千米处，有一座海拔1 646.8米的发鸠山，山势矗立，蜿蜒南北，雄伟壮观。山头雾罩云腾，翠奔绿涌，颇有仙境气势）去衔石子和树枝。她衔呀，扔呀，年年月月，往复飞翔，永不停歇……

"精卫填海"的神话故事，表现的是古代劳动人民探索自然、征服自然、改造自然的强烈愿望和持之以恒、艰苦奋斗的精神。

精卫锲而不舍的精神、善良的愿望、宏伟的志向，受到古往今来人们的尊敬和高度评价。陶渊明的《读山海经》诗："精卫衔微木，将以填沧海。刑天舞干戚，猛志固常在。"他把区区精卫小鸟与顶天立地的巨人刑天相提并论，热烈赞扬精卫小鸟敢于向大海抗争的悲壮战斗精神。沧海固然浩大，而精卫鸟坚忍不拔的精神更为伟大，这正是我们民族精神的一种象征。后世人们也常常以"精卫填海"比喻志士仁人所从事的艰巨卓越的事业。著名作家茅盾则认为："精卫与刑天是属于同型的神话，都是描写象征百折不回的毅力和意志，这是属于道德意识的鸟兽神话。"

精卫那种坚忍不拔、不畏艰难、不达目的誓不罢休的顽强斗争精神，今天仍然值得我们学习。

先秦时期其他重要地理著作

春秋战国时期，除上述两部专门的地理著作外，在《尚书》《周易》《诗经》《周礼》《左传》《管子》《尔雅》《孙子兵法》等早期著作中还有不少自然地理认知方面的内容，如《管子》《尔雅》中能够按照农业生产的要求对地形进行分类，显得比较科学；在对河流特征、植物地理分布演替规律现象、土壤分类等方面诸地理因素的关系，论述得不仅正确而且很有深度，称得上是中国古代对土壤、生物空间、地理规律的最早认识。反映了春秋战国时期人们的地理观念和认识的不断提高。

春秋战国时期，军事地理学也十分发达。由于当时战争不断，战争实践中出现了许多英勇善战的军事家，而且在学术研究上出现了"兵家"学派。《管子》《孙子兵法》《孙膑兵法》等著作中，明确提出了战争胜负与地理条件的关系，清楚地表明：当时一些有识之士和军事家已经认识到战争与地理条件的密切关系，特别是详细充分的地理认知在军事活动中的巨大意义。

中国大型水利工程的隆重登场

由于历代政府的重视，中国古代的水利事业一直处于向前发展的趋势。夏朝时期我国人民就掌握了原始的水利灌溉技术。西周时期已构成了蓄、引、灌、排的初级农田水利体系。春秋战国时期，更是得到空前的发展，许多著名水利工程，如芍陂、都江堰、郑国渠等一批大型水利工程先后闪亮登场，不仅促进了中原、川西农业的发展,也反映了当时人们对区域地理形势、水文特征等有了充分的认识。

1. 中国当今最大灌区——芍陂

芍陂(què bēi)是公元前6世纪末楚国孙叔敖主持修建的一项我国最早的大型蓄水灌溉工程,位于今安徽省寿县安丰城南,所以又称安丰塘。

芍陂工程处于大别山的北麓,东、南、西三面地势较高,北面地势低洼,向淮河倾斜。每逢夏秋雨季,山洪暴发,形成涝灾;雨少时又常常出现旱灾。当时这里是楚国淮河流域农业区,粮食生产的好坏,对当地的军需民用影响极大。

孙叔敖根据当地的地形特点,组织当地人民修建工程,将六安山区流来的水,汇聚于低洼的芍陂之中,形成一座周长60多千米的蓄水库。水库四周修建5个水门,以石质闸门控制水量,水多了就开闸门放水,水少了就关闸门蓄水,不仅天旱有水灌田,又避免水多洪涝成灾。后来又在西南开了一道子午渠,上通淠河,扩大芍陂的灌溉水源,可灌溉农田约6万公顷。芍陂建成后,发挥着巨大的抗旱排涝作用,使这一地区农业上的水稻种植等得到较大发展,并很快成为楚国的经济要地,民富国强,楚国打败了当时实力雄厚的晋国军队,楚庄王也一跃为"春秋五霸"之一。

芍陂首次出现于《淮南子·人间训》,是我国最早见于书籍记载的大型灌溉工程。比魏国的西门豹渠早200多年,比秦国的都江堰和郑国渠早300多年。这项水利工程,不但完工早,而且不论是渠址选择还是地势勘察、水量调节、排洪灌溉诸方面的设计,都已经达到相当高的科学水平。

芍陂主要水源是淠河。芍陂灌区面积,在4—13世纪常见记载,有"灌田万顷""灌田五千余顷"等说法。《水经·肥水注》详述芍陂源流、工程规模,并指出最初芍陂有5个水门,起到放水蓄水的功效。发展到隋朝,经整修增辟为36个水门。东晋时因灌区连年丰收,遂改名为"安丰塘"。至宋朝,芍陂36个水门仍可起到按照水量出入增减调节灌溉用水先后次序的作用。明嘉靖年间的《寿州志》详记当时36个水门的具体名称及其流经地点，灌渠总长达391.5千米。芍陂设置减水闸，明成化十九年（1483）始见记载。系因地主土豪占陂为田，蓄水面积缩小，雨季汛涨时，地主为避免私田被淹，便盗决陂堤泄水，涸出塘底，续行占垦。为防止盗决和占垦，故设置减水闸进行控制。清朝芍陂水门迭有兴废增减，乾隆至光绪年间均为28个水门。清乾隆二年（1737）始在众兴集以南，建筑滚水石坝。到民国年间，芍陂灌溉效益越来越低，1949年实灌面积仅5 000余公顷。

新中国成立后经过整治，如今芍陂已经成为淠史杭灌区（位于安徽省中西部大别山余脉的丘陵地带，总设计灌溉面积约80万公顷，其中安徽省约70万公顷，河南省约6.5万公顷。截止21世纪初，是新中国成立后兴建的全国最大灌区，是全国三个特大型灌区之一）的重要组成部分，灌溉面积达到4万公顷，并有防洪、除涝、水产、航运等综合效益。为感戴孙叔敖的恩德，后代在芍陂等地建祠立碑，称颂和纪念他的历史功绩。1988年1月，国务院确定安丰塘（芍陂）为全国重点文物保护单位。

2. 间谍案件与郑国渠

郑国渠是最早在关中建设的大型水利工程，战国末年公元前246年，由韩国水利工程师郑国主持设计施工，约10年后完工，位于今天的陕西省泾阳县西北25千米的泾河北岸。

郑国渠的建造，竟然与一件间谍案有关，富有浓厚的传奇色彩。战国后期，在秦、齐、楚、燕、赵、魏、韩七国中，秦国国力蒸蒸日上，对其他六国虎视眈眈，而首当其冲的就是东邻韩国，随时都面临被秦并吞的处境。公元前246年，韩桓王召集群臣商议退敌之策，一位大臣献计说，秦王好大喜功，经常兴建各种大工程，我们可以借此拖垮秦国，使其不能东进伐韩。韩王听后，喜出望外，下令物色一个合适的人选去实施这个"拖累秦国"的计策，结果派著名的水利工程师郑国为间谍，派他到秦国，劝说秦国在泾水和洛水间，穿凿一条大型灌溉渠道。表面上说是可以发展秦国农业，真实目的是要耗竭秦国实力。因为建造郑国渠这样的大型灌溉水利工程，秦国肯定要耗费大量的人力、物力，这必然要影响秦国统一战争的进程。韩国妄想借此求得暂时的安宁。

郑国承担了这一艰巨而又十分危险的任务，受命赴秦。郑国到秦国面见秦王之后，陈述了修渠灌溉的好处，极力劝说秦王开渠引泾，灌溉关中平原北部的农田。秦王采纳了郑国的建议，委托郑国负责在关中修建一条大渠。

公元前237年，郑国渠就要完工了，这时意外出现了。有人告发郑国是韩国派来的间谍，修渠原来是拖垮秦国的一个阴谋。秦王大怒，要杀掉郑国，郑国面临着生命危险。危急中郑国对秦王说：开始我确实是作为间谍来建议修渠的。我作为韩臣民，为自己的国君效力，希望能够保住韩国；不过，仔细想来，即使大渠竭尽了秦国之力，暂且无力伐韩，对韩国来说，也只不过使韩国多存在几年，可是渠修成之后，却能为秦国造福万代。杀掉我没什么，可惜工程半途而废，才是秦国真正的损失。秦王是位很有远见卓识的政治家，认为郑国讲得很有道理，同时，秦国的水工技术还比较落后，在技术上也需要郑国，所以一如既往，让他继续主持修渠。又经过几个寒冬酷暑，经过成千上万民众的艰苦努力和辛勤劳动，大渠工程竣工。渠长150余千米，灌溉土地约2 666.67公顷，秦国因此更加富裕强大，为灭六国奠定了坚实的基础。这项原本为了消耗秦国国力的渠道水利工程，反而大大增强了秦国的经济实力，加速了秦统一天下的进程。"疲秦之计"变成"强秦之策"。郑国渠建成15年后，秦灭六国，第一次实现全国统一。关中地区的老百姓为了纪念郑国的业绩，就把这条渠命名为"郑国渠"。

郑国渠西引泾河东注洛河，灌溉渠道长150多千米，灌溉关中平原。郑国设计的引泾水灌溉工程，恰当充分利用了关中平原西北高、东南低的地形特点，将渠道的起点选在灌溉区最高处，使渠水由高向低实现自流灌溉，既保证了从下游的河流最大冲击流速处引水入渠，又有效地保证了进水量及渠线高度，最大限度地控制了灌溉面积，同时整个水利工程又形成了一个自流灌溉系统，从此，关中平原土地肥沃，农业发达，经济繁荣。

郑国渠巧妙连通泾河、洛河，取之于水，用之于地，又归之于水。在今天看来，这样的设计也可谓巧夺天工，使关中成为天下粮仓。

关中的水利建设，经汉、唐、宋、元、明、清，到现在，无论是在引水位置，还是在渠线上，都基本沿用秦郑国渠的传统，只是稍微有些变化。

都江堰

3. 世界水利文化的鼻祖——都江堰

都江堰，位于四川省都江堰市境内，是岷江上的大型引水枢纽工程，也是全世界迄今为止历史最长、唯一留存，以无坝引水为特征的宏大水利工程。始建于公元前3世纪，由秦国蜀郡太守李冰主持兴建。属全国重点文物保护单位。

都江堰的修建过程十分不易。岷江是长江上游一条较大的支流，发源于四川北部高山地区。每当春夏山洪暴发的时候，江水奔腾而下，

知识链接

据说，春秋战国时期的"天府之国"，说的不是四川成都平原为中心的富庶之地，而是指关中平原。古人用"金池汤城，沃野千里，天府之国"来形容关中。都江堰和郑国渠一南一北遥相呼应，四川和关中这两大南北呼应的战略要地兼粮仓，为秦国的统一奠定了坚实的物质基础。郑国渠建成15年后，秦灭六国，实现统一。可以看到，郑国渠建成后，经济、政治效益十分显著。

1985—1986年，考古工作者秦建明等，对郑国渠渠首工程进行实地调查，经勘测和钻探，发现了当年拦截泾河的大坝残余。它东起距泾河东岸1 800米名叫尖嘴的高坡，西讫泾河西岸100多米王里湾村南边的山头，全长2 300多米。其中河床上的350米，早被洪水冲毁，已经无迹可寻，而其他残存部分，历历可见。经测定，这些残部，底宽尚有100多米，顶宽1～20米不等，残高6米。可以想见，当年这一工程是多么宏伟。

郑国渠的渠道，将干渠布置在平原北缘较高的位置上，便于穿凿支渠南下，灌溉南面的大片农田。可见当时的设计是比较合理的，测量的水平也已很高了。

郑国渠首开引泾水灌溉之先河,对后世引泾灌溉发生着深远的影响。秦以后,历代继续在这里完善其水利设施:先后历经汉朝的白公渠、唐朝的三白渠、宋朝的丰利渠、元朝的王御史渠、明朝的广惠渠和通济渠、清朝的龙洞渠等历代渠道,为关中地区的经济建设做出了重要贡献。

1929年陕西关中发生大旱,三年六料不收,饿殍遍野。引泾灌溉,急若燃眉。我国近代著名水利专家李仪祉先生临危受命,毅然决然地挑起了在郑国渠遗址上修泾惠渠的千秋重任。在他的亲自主持下,此渠于1930年12月破土动工,数千民工辛劳苦干,历时近两年,终于修成了如今的泾惠渠。1932年6月放水灌田,引水量每秒16立方米,可灌溉4万公顷土地。郑国渠至此开始继续造福百姓。

新中国成立以来,按照边运用、边改善、边发展的原则,对郑国渠新老渠系进行了3次规模较大的改善调整与挖潜扩灌——1949—1966年为第一阶段;1966—1983年为第二阶段;80年代后至1995年为第三阶段,为继续解决灌区工程老化失修、效益衰减问题。

1989年泾惠渠被列入关中三大灌区改造之一,开展了以更新改造、完善配套和方田建设为主要内容的灌区建设,共安排8项工程和方田25 800公顷。主要项目有:渠首加坝加闸和除险加固、总干渠险工段整治与石渠坡脚砌护,南干渠改善,干、支、斗渠衬砌与翻修,重点建筑物加固改造,排水干沟整修以及通信线路更新改造等,工程投资1 571万元,建成渠、井、电、路、树相配套的方田面积27 866.67公顷,至1993年完成项目任务,1995年8月通过竣工验收。1995年,渠首引水能力为每秒50立方米。全灌区共有干渠5条,长80.42千米,已衬砌67千米;支渠20条,长297.49千米,已衬砌78千米;斗渠527条,长1 206千米,已衬砌630千米;配套机井1.4万眼;抽水站22处,装机1 824千瓦;设施、有效灌溉面积分别为89 360公顷(其中抽水灌溉面积24 800公顷)和83 993.33公顷。

从都江堰市进入成都平原,由于河道狭窄,古代常常引发洪灾,洪水一退,又是沙石千里,而都江堰市岷江东岸的玉垒山又阻碍江水东流,造成东旱西涝。

李冰父子邀请了当地许多有治水经验的农民一起对都江堰一带地形、水文等地理状况作了实地考察、分析,整体规划出都江堰由分水、开凿和闸坝三部分工程组成。

分水工程是将岷江水流分成两条,东为内江,使水流引入成都平原,这样既可以分洪减灾,又可以供灌溉农田用水、变害为利;西为外江,即岷江主流。李冰父子率领大众在离玉垒山不远的岷江上游和江心筑分水堰,用装满卵石的大竹笼放在江心堆成一个形如鱼嘴的狭长小岛。鱼嘴把汹涌的岷江分隔成外江和内江,外江排洪,内江通过宝瓶口流入成都平原。

闸坝工程则包括调节入渠水量的溢洪道——"飞沙堰"和一组调节水量的闸门。为了进一步起到分洪和减灾的作用,在分水堰与离堆之间,又修建了一条长200米的溢洪道流入外江,以保证内江无灾害,溢洪道前修有弯道,江水形成环流,江水超过堰顶时洪水中夹带的泥石便流入到外江,这样便不会淤塞内江和宝瓶口水道,故取名"飞沙堰"。

开凿工程是对江道引水处及引水渠加以适当开凿,使岷江有足够水量流入引水渠,以保证灌溉面积。李冰下令凿穿玉垒山引水。由于当时还未发明火药,李冰便以火烧石,使岩石爆裂,终于在玉垒山凿出了一个长80米,宽20米,高40米的山口。因其形状酷似瓶口,故取名"宝瓶口",把开凿玉垒山分离的石堆叫"离堆"。为了观测和及时掌握内江引水量,李冰又雕刻了三个石人像,放于水中,以"枯水不淹足,洪水不过肩"来作为随时观测水量变化的标尺(水尺),还凿制石马置于江心,以此作为每年最小水量时淘滩的标准。

都江堰水利工程除了以上鱼嘴分水堤、飞沙堰溢洪道和宝瓶口进水口的主体工程外,还包括百丈堤、人字堤等附属工程。都江堰不仅是保证引水的单一工程,而且在防洪、分配洪枯水期水量上都

知识链接

都江堰的安澜索桥又名"安澜桥""夫妻桥",始建于宋朝以前,位于都江堰鱼嘴堤之上,被誉为"中国古代五大桥梁"之一,是都江堰最具特征的景观。索桥以木排石墩承托,用粗竹缆横挂江面,上铺木板为桥面,两旁以竹索为栏,全长约500米。明末毁于战火。现在的桥为钢索混凝土桩。

"夫妻桥"在民间有夫妻二人立志修桥的美丽故事。说的是清嘉庆年间,川西韩家坝私塾先生何先德决心重修破败了的安澜桥。他向各方募集资金,带领百姓动工修建。桥造成了,但桥上没有栏杆,不多久就有人失足摔下去死了。由于造桥触犯了摆渡口渡头的利益,渡头就勾结官府,官府以"草菅人命"的罪名将何先生抓到牢里,后来何先生死在牢中。

何先生的妻子决心继承夫志,继续请工匠修桥,终于建成了一座新桥。这座桥以石头和木排做桥墩,用粗竹缆为栏,每隔十米竖木板紧固栏缆,桥身安稳可靠。人们为了感谢这对造福人民的夫妻,就把这座新桥称为"夫妻桥"。还有人为此写了一首诗:"夫妻桥上过夫妻,夫唱妻随颂夫妻;妻承夫志完大业,长虹百代跨东西。"

古代都江堰以竹笼、木桩和卵石为主要建筑材料。以竹编笼内填卵石,用来建造鱼嘴、飞沙堰、内外金刚堤和人字堤等工程。每年岁修需更换竹笼一万多条。为了减少每年岁修工程量,历代水工和劳动人民不断谋求工程结构的改造,尤以鱼嘴为重点。元朝曾以石料修砌鱼嘴,并在其顶端铸铁龟;明朝修砌鱼嘴,前置铁牛分水;清朝复用砌石鱼嘴。这些工程均因基础不稳,未能持久。1936年改以竹笼为基础,前端与两侧护以木桩,其上修筑砌石鱼嘴,工程延续时间

较长,直至1974年修外江闸时改建成钢筋混凝土结构。

秦蜀郡太守李冰建造的初期,并不叫都江堰,名称是"湔堋(jiān péng)",这是因为都江堰旁的玉垒山,秦汉以前叫"湔山",而那时都江堰周围的主要居住民族是氐羌人,他们把堰叫作"堋",都江堰就叫"湔堋"。

三国蜀汉时期,都江堰地区设置都安县,因县得名,都江堰称"都安堰"。同时,又叫"金堤",这是突出鱼嘴分水堤的作用,用堤代堰作名称。

唐朝,都江堰改称为"楗尾堰"。因为当时用以筑堤的材料和办法,主要是"破竹为笼,圆径三尺,以石实中,累而壅水",即用竹笼装石,称为"楗尾"。

直到宋朝,在宋史中,才第一次提到都江堰:"永康军岁治都江堰,笼石蛇决江遏水,以灌数郡田。"

所谓都江,《蜀水考》说:"府河,一名成都江,有二源,即郫江,流江也。"流江是检江的另一种称呼,成都平原上的府河即郫江,南河即检江,它们的上游,就是都江堰内江分流的柏条河和走马河。《括地志》说:"都江即成都江。"从宋朝开始,把整个都江堰水利系统工程概括起来,叫"都江堰",才较为准确地代表了整个水利工程系统,一直沿用至今。

由于李冰在都江堰治水成功,民间就流传了许多关于李冰的故事传说。相传李冰上任之后,听说成都附近的江神年年要娶新妇,就把自己的两个女儿打扮起来,准备送给江神,但是江神毫无动静。李冰大怒,奋力拼杀,终于杀死由江神变成的苍牛。后来,李冰塑造了三个大石人放在江心,并与江神约定:水枯的时候不能低于石人的脚背,水涨的时候不能超过石人的肩头。另外,李冰还刻了五条石牛作为自己的化身,沿江放置石牛,来镇守江面,不让江中的妖怪作恶。这些传说印证了李冰坚持排除种种迷信的阻挠,坚决用科学的方法来治理水患,成功地解决处理了工程当中的问题和紧急状况,受到了百姓们的肯定和拥护。

在今天四川省都江堰市,有一座二王庙。所谓二王,就是名垂后世的秦朝蜀太守李冰,还有他的儿子李二郎。始建于南朝齐明帝建武年间 (494—498),

安澜索桥

原名"崇德祠"，宋朝以后李冰父子被封为王，改称二王庙。清乾隆时之《灌县志》中称"二郎庙"。唐、宋、元、明、清、民国年间均有修葺。现存建筑多为1925年，遭火灾焚毁后住持李云岩募资重建。

在蜀地的民间传说中，李冰的儿子二郎降服了岷江中兴风作乱的恶龙，李二郎又被称作二郎神，也就是神话故事中，那个长着三只眼睛的威武天神。

古时的岷江中恶龙为害，李二郎带领梅山七圣去降龙。七天七夜恶斗下来，七圣和猎狗哮天犬全部战死，恶龙也身负重伤向南逃去。二郎追到青城山，不见了恶龙的踪影，便坐在一块大石头上休息，看到一家面馆，二郎就走了进去。经营面馆的是位慈眉善目的白发老婆婆。老婆婆知道他是李冰的儿子，为了捉住恶龙来到此地，就对他热情接待，烧好了面条让他吃饱肚子。

不久，变成一个游客模样的恶龙也来到青城山，饥饿难忍，忽见路旁有个面馆，便急急冲了进去，向老婆婆乞求来碗面充饥。老婆婆一眼就看出这是一条恶龙，就煮了一碗担担面让它吃。恶龙三扒两下吃完面，还想再吃一碗，突然肚子大痛，它才知道中计了。面条到了恶龙的肚子里，都变成了带铁钩的链条，将恶龙从肚子里锁起来，使它无法动弹。此时，二郎刚好追来，二郎抓住铁链一扯，恶龙现出了原形。最后李冰父子押着恶龙来到伏龙潭，将它锁在铁柱上，叫它吐水灌田。岷江的水患终于平息了。

后来，人们为了纪念李冰父子降伏恶龙的功绩，在此立祠祭祀；北宋初改名"伏龙观"，始以道士掌管香火。至今，青城山下还有李二郎坐过的屁股印，以及恶龙打滚的"滚龙槽"这两处遗迹。

有系统的配置，科学地解决了江水自动分流、自动排沙、控制进水流量等问题，既解除了岷江水害，又可使成都大平原得到灌溉和通航之利。其规模之宏大，治水方法之科学，技术成就之高超，在当时水利技术史上是罕见的。所以，它的修成使成都平原20万公顷良田得以灌溉，使这里成为旱涝保收的"天府之国"。

都江堰最伟大的地方是建造2000多年来一直发挥着防洪灌溉的作用，而且发挥着愈来愈大的效益，至今灌区已达30余县市，面积近数十万公顷，成为世界上最古老、发挥效益时间最长、最佳水资源利用的古代水利工程典范。1982年，都江堰被中华人民共和国国务院公布为第二批全国重点文物保护单位之一。2000年，都江堰与青城山共同作为一项世界文化遗产被列入世界遗产名录。

2300年前的木板地图惊艳亮相

1986年，从甘肃省天水市放马滩秦墓出土的7幅地图，均是用墨线绘刻在四块大小基本相同的松木板上，长26.7厘米，宽18.1厘米，厚1.1厘米。图形比较清晰、完整。经过专家考证，成图年代为公元前239年，是迄今中国最早的实物地图，也是目前所知世界上最早的木板地图。其保存之完好，实属罕见。国家测绘局考证后认为，它们比中国经实测保存至今的最早传世地图——西安碑林中的《华夷图》和《禹迹图》早1300多年，比1973年湖南长沙马王堆出土的西汉地图早约300年。

这7幅地图按其用途可分为《政区图》《地形图》和《林木资源图》，反映了战国时期秦国所属的行政区域、地理概貌和经济概况。地图中有关地名、河流、山脉及森林资源的注记有82条之多。令人惊叹的是，今天渭水支流以及该地区的许多峡谷在木板地图上仍可以找到，并与《水经注》一书的记载相符。图中注有各地之间的相距里程，与现今距离大都相符，可见，这些地图是相当准确的实测图。

这7幅秦朝木板地图，对了解战国时期秦国的行政建置、管辖区域、地形概况、自然资源、交通状况以及与秦国的关系等重大历史和地理问题，提供了第一手资料。同时，也为研究中国先秦发达的地图学文献资料提供了实物佐证，把中国地图绘制史又提前了几百年，是研究中国古代地图绘制技术的珍贵资料。

这7幅秦朝木板地图的惊艳亮相，意义重大，是当前所见世界上最早的实物地图。根据文献记载和铜器铭文，我国早在西周初期可能已有地图，但一直苦于没有实物证据。放马滩地图的出土是继马王堆地图之后，又将我国现存古地图的历史向前推进了将近一个半世纪，距今已有2300多年。更重要的是，它填补了先秦战国时期实物地图的空白。世界上最早的古地图是2世纪托勒密《地理学》一书中的地图，它比放马滩地图已晚了将近500年。所以，放马滩地图是当今世界上最古老的实物地图，为我国乃至世界的科技史、地图学史增添了新的篇章。

2 秦汉寰宇地理学的形成

秦汉时期,是我国封建社会首次出现大一统的时期。在这一时期,我国的科技文化迅速发展起来,出现了许多辉煌灿烂的文化成就。

战国时期完成的我国最早的地理著作《禹贡》的内容已经显示,当时人们的地理知识已经相当丰富,对中国东部、中部的大多数地区已经比较熟悉,在这一范围内的交往也已相当频繁。这些自然地理、人文地理知识和周边环境的实际状况为政治家提供了统一的蓝图,并且为走向世界的寰宇地理观念的形成奠定了重要的前提条件。

秦始皇从公元前230—前221年,先后兼并韩、赵、魏、楚、燕、齐六个诸侯国,结束了长期以来诸侯割据的局面。灭六国后,秦王嬴政自称"始皇帝",在全国范围内推行郡制,统一文字、货币、度量衡,开驰道、筑长城,创建了中国历史上第一个统一的、多民族的、中央集权的封建国家,对后世中国政治体制的发展具有深远影响。

汉高祖刘邦至汉景帝刘启时期的汉朝,经济实力缓慢上升,成为世界第一大帝国;至汉武帝时期,大汉王朝已经成为世界上最强大的王朝。霍去病越千里大漠大败匈奴,封狼居胥而还,最远达到现在的俄罗斯贝加尔湖附近,匈奴帝国战败而向西狼狈逃遁。中亚和西域各大国也都闻而惧之。张骞出西域首次开辟了著名的"丝绸之路",降服中亚大国大宛,西域臣服,开拓了"北绝大漠、西逾葱岭、东越朝鲜、南至大海"的广袤国土,奠定了现在中华的版图。汉朝文化统一,科技发达,以儒家文化为代表的东亚文化圈建立,为华夏民族2000年的社会发展奠定了基础,为中华文明的延续和挺立千秋做出了巨大贡献。

秦汉时期,我国较长时间内形成了繁荣统一的大国,为地理学的发展创造了有利条件。这个时期人们的地理视野扩大,地理知识丰富,地理典籍、书籍数量和地理科学实践方面在世界舞台上都居领先地位。

帝国疆域与寰宇地理视野是怎样练成的

公元前221年,秦始皇统一六国,中国历史上第一次出现了统一的多民族国家。从秦到两汉(公元前221—220)共400年,以汉族为中心的中原王朝疆域规模基本奠定。因此,这一时期的疆域在中国历史上有开创性意义。

秦始皇

秦始皇在公元前222年,即统一六国前一年,东南并闽越和东瓯,置闽中郡,有今福建全省及浙江东南部。公元前215年,秦始皇派史禄开通了连接湘江和漓江的运河——灵渠,开辟了通向岭南的水路。第二年,秦军再次南下,夺取了今广东省、广西壮族自治区和越南东北一带,设置了南海、桂林和象郡三郡;北逐匈奴,秦始派大将蒙恬率领30万大军赶走了在河套一带的匈奴人,收复了战国时赵国的旧地,在阴山以南,黄河以东设立了九原郡(治所在今内蒙古包头市西北)。为了巩固北方的边防,又将原来秦国、赵国和燕国的长城重加修筑和连接,筑成了一条西起临洮(今甘肃省岷县),沿黄河、阴山、东至辽东(今朝鲜平壤西北海滨)的万里长城;西南方面,秦始皇以成都平原为基地,向西、北两方面扩张到了今大渡河以北和岷江的上游,占据了邛(今四川省荥经县东一带)、笮(今四川省峨边县一带)、冉(今四川省松潘县一带)和駹(今四川省茂汶县北一带)等部族地区。向南又开通了一条"五尺道",大致自今四川省宜宾市至云南曲靖一线,将政治势力伸入到云贵高原。

这样，到公元前210年秦始皇去世时，秦朝已经拥有北起河套、阴山山脉和辽河下游流域，南至今越南东北部和广东大部，西起陇山、川西高原和云贵高原，东至朝鲜半岛北部的辽阔疆域。而且秦朝在全国普遍实行郡县制，中央政府通过郡的行政长官郡守管辖所属各县的县令（或县长）。公元前221年在全国设立了36个郡，以后随着疆域的扩大和局部的调整，到秦朝末年全国约有48个郡，下辖近1 000个县。能在这样大的范围里建立起一个统一国家，在中国历史上还是第一次。重要的是，秦朝开拓的疆域构成了以后历代中原王朝疆域的主体，成为中国统一的地理基础。

刘邦虽然最终战胜项羽取得胜利，建立西汉王朝，却面临着国内外的重重威胁，即今福州市一带、西北地区等受到越人、匈奴的袭扰，国家无力控制，西汉初年的疆域与秦朝时相比大大缩小。到了汉武帝（公元前140—前87年在位）时代，经过近70年的恢复和发展，汉朝的经济实力已有很大的增强，粮食和物资的储备相当充足。汉武帝决心恢复秦朝的疆域，进一步向外开拓。汉武帝继位后，在其前40年内不断向外扩展疆土。

（1）北方疆域的开拓。汉武帝初年，汉朝北部从今陕西北部至辽宁西部一线无不受到匈奴骚扰掳掠。从公元前129年开始，汉军连续发动进攻。公元前127年，汉将卫青从内蒙古、甘肃出击匈奴，收复了陇西、北地、上郡的北部，驱逐了匈奴的白羊、楼烦王，收复了"河南地"。汉朝在这里设置了朔方郡(治所在今内蒙古杭锦旗北)和五原郡(治所在今包头市西北)，云中、雁门两郡北界也得到恢复，北边疆界恢复到了阴山山脉一线。

（2）置河西五郡。公元前121年，汉将霍去病出击河西走廊，匈奴的浑邪王杀了休屠王，率四万人投降，汉朝的疆域扩大到了整

汉武帝

个河西走廊和湟水流域，即今青海湖以东、祁连山东北地区。先后设置酒泉（治所在今甘肃省酒泉市）、武威（治所在今甘肃省武威市）、张掖（治所在今甘肃省张掖市西北）、敦煌（治所在今甘肃省敦煌市西）和金城（治所在今甘肃省永靖县西北）五郡。由于汉朝控制了河西走廊，通向西域的大门已经打开。

汉武帝派兵出击河西走廊之战，不但断绝了匈奴和南方羌族的联系，更重要的是打通了丝绸之路，开通了东西方的贸易通道。这的确是大汉帝国最伟大的功绩之一。从一个摇摇欲坠的新生国家到武帝时代的文治武功，汉朝已全然成为一个伟大的强盛帝国。数代人为之所困的匈奴边患终于得到缓解。

（3）南方的扩展。对岭南的统一已是大势所趋。公元前111年汉军攻下南越的都城番禺（今广州市），灭南越。南越的旧地被分为9个郡，包括今两广地区，其中的交趾、九真、日南三郡在今越南的北部和中部，珠崖和儋耳两郡在今海南岛上，较秦时更为扩展。公元前110年汉朝灭闽越，将大部分闽越人安置在长江和淮河之间的地区。后来又在今福建全省和浙江南部设置冶（今福建省福州市）、回浦（今浙江省临海东南）两县，属会稽郡（治所在吴县，今江苏省苏州市）。

（4）西南六郡的设置。公元前135—前109年开发、出击"西南夷"，经过多年经营，川西高原和云贵高原的部族都已纳入汉朝的统治。在这些部族的地区新设置了越嶲（xī）（治所在今四川省西昌市东）、沈黎（治所在今四川省汉源县东北）、汶山（治所在今四川省茂汶县北）、武都（治所在今甘肃省武都区东北）、牂柯（治所在今贵州省黄平县西南）、益州（治所在今云南省晋宁县东）六郡，汉朝的西南边界扩展到了今天的四川邛崃山和云南高黎贡山和哀牢山一带。

（5）东北乐浪四郡的设置。从战国后期开始，燕国和秦朝先后控制过朝鲜半岛的北部。西汉初，燕国人卫满率数千人进入朝鲜半岛北部，以燕、齐（今山东半岛）移民为基础建立了自己的政权。这个朝鲜国的范围大致包括今辽宁省东部、吉林省西部和朝鲜半岛的西北部。汉武帝用兵朝鲜，公元前108年，朝鲜投降。汉朝设置了乐浪、玄菟、真番、临屯四郡，把东北疆界推至朝鲜半岛中、北部，东至日本海，南抵汉城以北一带。

（6）西域都护府的设置。西域一词有广狭二义：狭义的西域指今甘肃敦煌古玉门关、阳关以西，葱岭（今帕米尔高原）以东的今新疆地区；广义的西域还包括葱岭以西远至中亚或更远至欧洲东部和北非地区。公元前2世纪初，匈奴的势力已到了西域地区，控制了当地许多分散的小国。汉武帝时曾于公元前138、公元前119年两次派张骞出使西域，企图联合乌孙、大月氏，以抗击匈奴。由于往返时都被匈奴扣留，13年后张骞才回国复命。尽管没有达到联络大月氏的目的，但张骞亲历了大宛（在今中亚费尔干纳盆地）、康居（在今哈萨克斯坦巴尔喀什湖和咸海之间）、大月氏和大夏（在今阿富汗北部）等中亚国家，使汉朝了解了这一地区的具体情况。

公元前102年，汉武帝又派兵远征大宛（在原苏联费尔干纳盆地）获胜。自此西域震恐，多遣使来贡。于是在敦煌至罗布泊之间设立交通亭站，在轮台（今新疆轮台东南）、渠犁（今库尔勒）等处屯田。这时汉朝只控制到天山南路，还不能稳定地占有天山北路。到公元前60年，汉朝终于取得了决定性的胜利，完全控制了天山北路，这样天山南北才完全摆脱匈奴的统治。汉朝置西域都护府于乌垒城（今轮台东）。西域都护府的辖境包括今新疆及巴尔喀什湖以南的乌孙、帕米尔高原以内和费尔干纳盆地的大宛等。自此，汉朝与西域和中亚、西亚的交通得以通行无阻。

西域都护府的辖境包括自玉门关、阳关以西的天山南北，直到今巴尔喀什湖、费尔干纳盆地和帕米尔高原以内的范围，初期有36国，以后增加到50国，治所设在乌垒城（今新疆轮台县东野云沟附近）。西域都护府既是汉朝的军事驻防区，也是一个特殊的行政区。一方面它与内地的正式政区不同，不设置郡、县，依然保留原来的国，汉朝一般不干预它们的内部事务，但掌握它们的兵力和人口等基本状况；另一方面，都护代表朝廷掌管这些国家的外交和军事权，可以调动它们的军队，决定它们的对外态度，必要时还可直接废立他们的君主，甚至取消某一个国。正因为如此，西域都护府也是汉朝疆域的一部分。

汉武帝时汉朝疆域空前辽阔：东抵日本海、黄海、东海暨朝鲜半岛中北部，北逾阴山，西至中亚，西南至高黎贡山、哀牢山，南至越南中部和南海。

探险格局逆袭与寰宇地理学的升华

自公元前221年秦始皇统一六国，建立起一个专制的统一国家，到两汉时期（公元前206—220），中国封建社会的政治经济文化都取得了突出的成就。古代地理学亦有很大进步，主要表现在地理认识、地理著作等方面在更高层面上的发展。

秦朝虽然只存在了15年，但在全国统一的政治形势下，筑长城、修驰道、开运河等，重大工程接连不断。这些工程都需要地理知识，也促进了地理学的发展。秦朝有各类地图，只是没有保存下来。《汉书·地理志》中，曾两次提到秦地图，这种地图可能是秦朝的全国性地图，说明汉朝还在应用这些地图。

1. 张骞西域探险格局逆袭与寰宇地理认识升华

张骞通西域，历经难以想象的千辛万苦，几度面临死亡绝境，但他没有放弃，没有气馁，奋勇抗争，在绝望之中反击成功，最终胜利回归祖国怀抱。这就是逆袭，表达了一种自强不息、充满正能量的精神。

张骞西域探险格局逆袭，大大激发了汉武帝开拓边疆、走向世界、通商各国的雄心壮志，并为以后开辟誉满全球的"丝绸之路"，开挖了第一锹土。

张骞，西汉时期著名的外交家、旅行家与探险家，著名的"丝绸之路"开拓者，其故里在陕西省城固县城南2千米处汉江之滨的博望村。墓地在县城西2.3千米处饶家营村，现为张骞纪念馆，属陕西省人民政府1956年公布的首批省级重点文物保护单位。

当时，西汉王朝正在准备进行一场抗击匈奴的战争。一个偶然的机会，汉武帝从一个匈奴俘虏口中了解到，西域（今新疆和新疆以西一带）有个大月氏（yuě zhī）国，其王被匈奴单于杀死，他的头颅还被制成了酒器。月氏人忍受不了匈奴的奴役，向西逃亡，但是他们想要复仇，就是没有人帮助他们。

汉武帝具有雄才大略，不同于从前中国君主们的封闭治国观念，十分重视与周边国家增强联系，同时也力图扩大自己的影响。这一重大外交策略在他征服匈奴的伟大事业中发挥了关键作用，而实践这一策略的是伟大的探险家和外交官张骞。

汉武帝了解到西域的情况后，觉得大月氏既然在匈奴西边，那么汉朝如果能跟大月氏联合起来，切断匈奴跟西域各国的联系，这就等于切断了匈奴的右胳膊。于是，他下了一道诏书，征求能干的人到大月氏去联络。但是当时谁也不知道大月氏国在哪儿，也不知道路途有多少凶险，要完成这项任务需要极大的勇气。

这时有个年青的郎中（官名）张骞，他认为这是一件有意义的事，于是挺身而出应募。有他一带头，别的人胆子也大了，有100名勇士应了征。张骞身材魁梧、性格爽直、心胸开阔、待人友善，这样良好的心理素质与生理素质为他出使西域提供了极为有利的条件。

公元前139年，张骞由跟随自己多年的匈奴人甘父做向导，率领100多名勇士，开始了我国历史上有明确记载的最早的大规模地理探险旅行活动。

张骞一行从西安出发，一路上日晒雨淋，风吹雪打，环境险恶，困难重重，但他信心坚定，不顾艰辛，冒险西行。当他们来到河西走廊一带，接近匈奴防区后，没有胆怯回避，而是希望尽快穿越。不料匈奴防区内骑兵密度大、速度快，很快就被匈奴骑兵发现并被包围,张骞和随从100多人全部做了俘虏。他们被押送到匈奴王庭(今内蒙古呼和浩特市附近)，匈奴单于知道了张骞西行的目的之后，自然不会轻易放过。单于把他们分散开去放羊牧马，并由匈奴人严加管制，还给张骞娶了一位匈奴妻子，并且生了儿子，一是为了监视他，二是诱使他投降。但是，张骞坚贞不屈，虽被软禁放牧，度日如年，但他一直在等待时机，准备逃跑，以完成自己的使命。

张骞出使西域

整整度过了11年软禁的时光,匈奴才放松了警惕。在一个月黑风高之夜,张骞和几个随从趁匈奴看管松懈,逃离匈奴。由于他们仓促出逃,没有准备干粮和饮用水,一路上常常忍饥挨饿,干渴难耐,随时都会倒在荒滩上。好在甘父射得一手好箭,沿途常射猎一些飞禽走兽,饮血解渴,食肉充饥,才躲过了死亡的威胁。这样,他们一直奔波了好多天,终于越过沙漠戈壁,翻过冰冻雪封的葱岭(今帕米尔高原),来到了大宛国(今费尔干纳)。大宛王早就听说汉朝是一个富饶的大国,当听说汉朝使者来到时,喜出望外,在国都热情地接见了张骞,还请张骞参观了大宛国著名的汗血宝马。

在大宛王的帮助下,张骞先后到了几个中亚国家。听了张骞的描述,这些国家的国王们被东方的地大物博所吸引,更为东方的丝绸、瓷器等手工艺品所倾倒。他们都表示很乐意与汉朝通商,但提起结成同盟与匈奴作战,他们都没有信心。尤其是大月氏的国情已发生很大变化,他们征服了邻国大夏(今阿富汗北部),决定在此安居乐业,不想再跟匈奴打仗。同时,月氏人还认为汉朝离自己太远,不能联合起来共击匈奴。张骞未能完成与大月氏结盟夹击匈奴的使命,却获得了大量有关西域各国的人文地理知识。

张骞在大夏等地考察了一年多,于公元前128年启程回国。归途中,张骞为避开匈奴控制地区,改道向南。他们翻过葱岭,沿昆仑山北麓而行,经莎车(今新疆莎车)、于阗(今新疆和田)、鄯善(今新疆若羌)等地,进入羌人居住地区。途中又为匈奴骑兵所获,被扣押一年多。

公元前126年,匈奴内乱,张骞带着妻子和助手甘父,趁机逃回汉朝。汉武帝详细地听取了他对西域的情况汇报后,十分高兴,任命他为太中大夫,赐甘父为奉使君。张骞自请出使西域,历经千辛万苦，前后整整13年，足迹遍及天山南北和中亚、西亚各地，他是中原去西域诸国的第一人。

虽然张骞出使大月氏的外交努力没有完成，但汉武帝并未责怪张骞，还把他留在身边作为宫廷顾问。但他的探险本身却对西汉王朝有着重要的意义。到达中亚地区以后，张骞一行在寻找月氏部落时，收集了许多政治、经济和军事情报，甚至收集到更远的西方和南方国家的信息，包括印度、大夏、叙利亚和罗马帝国的大致情况。

张骞是一个富有开拓和冒险精神的人。张骞第一次通使西域，使中国的影响直达葱岭（天山、喀喇昆仑、兴都库什三道山脉交汇的帕米尔高原古称"葱岭"，是丝绸之路的中、南两路在喀什会合后唯一通往西亚的道路，被今人称为"葱岭古道"）东西。自此，不仅现今中国新疆一带同内地的联系日益加强，而且中国同中亚、西亚，以至南欧的直接交往也建立和密切起来。后人正是沿着张骞的足迹，走出了誉满全球的"丝绸之路"。

张骞第一次出使西域，不仅是一次极为艰险的外交旅行，同时也是一次卓有成效的科学地理考察。张骞第一次对广阔的西域进行了实地的调查研究工作。他不仅亲自访问了位于新疆的各个小国和中亚的大宛（中亚费尔干纳盆地）、康居（今咸海以东、费尔干纳西北，即今乌兹别克斯坦和塔吉克斯坦境内）、大月氏（今阿姆河流域）和大夏（今阿富汗）诸国，而且从这些地方又初步了解到乌孙（巴尔喀什湖以南和伊犁河流域）、奄蔡（里海、咸海以北）、安息（即波斯，今伊朗）、条支（又称大食，今伊拉克一带）、身毒（又名天竺，即印度）等国的许多情况。张骞注意沿路每一处水源、每一块草地，并详细记录下来。对自己在大宛国（今费尔干纳盆地）所见过一种良马作了详细的描述：这种马的耐力和速度都十分惊人，它们有一个富有传奇色彩的名字——"汗血宝马"，据说它们快速奔跑之后，流汗似血色。这后来被证实是寄生虫感染引起的一种症状。张骞称赏它们能作为汉王朝骑兵最好的坐骑。汉武帝本人非常喜欢马，听说有这样的宝马，自然想得到。张骞第一次出使西域，获得了大量有关西域各国的人文地理知识，使生活在中原内地的人们了解到西域的实况。

张骞回到长安后，将其一路所见所闻，都向汉武帝作了详细报告，对葱岭东西、中亚、西亚，以至安息、印度诸国的位置、特产、人口、城市、兵力等，都做了说明。这个报告的基本内容为司马迁在《史记·大宛传》中保存下来。这是中国和世界上对于这些地区第一次最翔实可靠的记载。至今仍是世界上研究上述地区和国家的古地理及历史的最珍贵资料。

张骞的汇报，让汉武帝茅塞顿开，大大激发了汉武帝开拓边疆、走向世界、通商各国的雄心。汉武帝决心发动持续的军事打击，削弱匈奴的有生力量，由汉朝来管控丝绸之路，打断匈奴的经济命脉，由此发动了一系列打通西域、抗击匈奴的战争。汉朝君臣的执行力极强，公元前121年——张骞回国后的第五年，只有19岁的将军霍去病，奉命发动河西会战，将匈奴势力逐出河西走廊，彻底打开了通往西域的通道。

公元前119年——河西会战两年后，汉廷又发动了漠北（今内蒙古）会战，卫青和霍去病两位军事天才，一个出兵定襄（今山西省忻州市），一个出兵代郡（今山西省离石、灵石、昔阳及河北省蔚县、阳原、怀安等地），击破单于本部，击杀匈奴士卒10万以上，霍去病在狼居胥山祭天；同时，武帝设盐铁官，算缗钱，筹集军费。从此以后，西汉出现了"漠南无王廷"（即，内蒙古大沙漠以南再也见不到和汉王朝分庭抗礼的匈奴人）。

公元前119年——张骞奉命第二次出使西域。此时从长安到葱岭，已无匈奴威胁，一路通畅。张骞为中郎将，带了300多骑兵，数万头牛羊，数千巨万的金银钱币、绸缎和宝物，顺利地到达了乌孙，并派副使访问了康居、大宛、大月氏、大夏、安息、身毒等国家。此行也取得了很大的成果，西域各国也派使节、商队回访长安。

张骞不畏艰险，两次出使西域，累计20多年的探险活动，通过他沿途的详细观察，获得了有关西域各国极为丰富的地理知识。张骞把这些地理知识写成报告上奏汉武帝，使生活在中原内地的人们了解到西域的实况，扩大了2000年前中国人的寰宇地理认识和视野。后来司马迁即据此写成了《史记·大宛列传》，得以保存至今。

张骞也是中国历史上第一个走出国门的使者,通过他积极的外交实践和努力,不仅开通了亚洲内陆交通要道,与西欧诸国正式开始了平等、诚信交往,还促进了中西经济文化的广泛交流,为中国汉朝昌盛和后世的对外开放奠定了坚实的基础,产生了深远的影响。

汉朝,在我国新疆地区以及葱岭以西广大中亚地区有许多大大小小的国家。张骞出使西域探险了解了各国的相互地理位置、生活方式、自然地理状况等。张骞所带回的新知识、新荣誉,极大地刺激了后来的探险活动与汉王朝对西域的开拓,更进一步加深了汉朝对西域地理的认识。

根据史料记载,张骞出使西域后,皇帝也常常询问西域情况,鼓励去西域探险,出现了使者踊跃西去的盛况,一年中多的有10多个团队。汉武帝和张骞的成功谋略为中国赢得了贸易、建设和统一的保障。同时,张骞出使西域对中国和西方历史都具有深远的意义。后来,这条出玉门关,经天山南北路,越过葱岭,到达中亚,乃至西方的罗马帝国的"丝绸之路"正式建立。当时运往中亚、欧洲的产物,有蚕丝、丝织品、铁器、漆器等,西方的良马、香料、葡萄、胡瓜等也传入中国。

当时的史学家司马迁称赞张骞出使西域探险为"凿空",意思是张骞首次打通了中原通往西域的大道。到东汉时,不仅在西域派驻有"西域长史"(如班超等),而且还曾联系到大秦(罗马),由中亚抵达地中海东岸。这些都极大地刺激、充实了当时人们对西方世界的地理认识。在之后的岁月中,不论在东方还是在西方,张骞的名字都被人们牢记。

总之,由张骞开创的西域地理认识,是中国现存文献第一次对西域中亚,以至地中海东岸的世界作了较为正确的地理记述。由此使得中国人民对西方世界地理的认识界限,一下由河湟沙漠地带,推进到地中海东岸广大中亚地区,大大扩大了中国的世界地理认知范围,确立了寰宇地理学。

自从张骞出使西域,开辟通往西域的道路之后,各国使者前来交往的次数越来越多,各国之间文化交流日益频繁,汉朝与西域之间的友谊日趋笃厚。

2. 东汉班超的出使西域

距离张骞两次前往西域的210年后，73年，东汉班超奉命出使西域。

东汉初年，匈奴分裂为南北两部后，北匈奴又重新控制了西域。东汉明帝派班超出使西域，目的是为了打击匈奴，恢复中原和西域的交往，重建西域都护。

班超带着36人出使西域，杀鄯善国匈奴使官，于阗国杀匈奴监督官，鄯善、于阗等国王都派儿子到洛阳做侍子。隔绝58年的西域，再一次与汉交流了。班超在得到于阗疏勒（新疆疏勒县）等国的支持后，

班超雕像

与匈奴争夺西域统治权。到94年，在得到朝廷军力援助和西域诸国兵的合力进攻下，彻底打败匈奴及其附属国，打通葱岭（今帕米尔高原）东西两路，西域50余国全部内属东汉王朝。到102年，朝廷召班超归国，班超到洛阳不久便病逝，享年71岁。

班超率36人出关经营西部边疆，建立了卓越的功业。关键在于符合东汉王朝力图恢复与西域交通的愿望，也满足了西域诸国努力摆脱匈奴势力控制而与汉交通的愿望，恰恰是班超的智谋和勇气促成了这两个愿望的紧密结合，从而显现出一种巨大的能量和力量，终于完成了这个伟大的历史使命。

97年，班超派遣甘英出使大秦国。甘英到了条支国的西海边上。安息国一向用汉丝和丝织品与罗马交易，因此不愿甘英到达大秦，开辟直接通商的道路，于是夸张航海的困难来阻止甘英。甘英缺乏探险精神，畏难回来。大秦富人需要大量丝织品，商人从安息天竺间接购得，获利已有10倍，当然希望直接通商，得到更多的利益。166年，大秦商人到日南郡边上，以大秦王安敦名义，送汉桓帝一些礼物。大抵海路危险较多，通商道路主要还在陆上，东汉扫除北匈

奴在西域的势力，对东西商路的通达是有重大意义的。

班超在西域活动30年，以其非凡的政治和军事才能，自始至终立足于争取多数，分化、瓦解和驱逐匈奴势力，帮助西域各族摆脱匈奴的奴役，对巩固我国西部疆域，促进多民族国家的发展做出了卓越贡献。同时，恢复了东汉朝廷对西域的统治和中西商路的通达，保卫了"丝绸之路"，使中国和中亚、西亚各国的经济文化交流得以继续发展。

西北方匈奴不断入侵中土，是两汉400多年来在边境上一直存在的隐患。如何正确处理这个问题，关系到汉朝政治经济的发展以及与西域各国的经济文化交流，因此为历朝统治者所重视。西汉张骞与东汉班超出使西域，对于维护国家安全、促进社会历史的发展，起到了积极的推进作用。他们两人的历史作用的共同点是帮助西域各族摆脱了匈奴的束缚和奴役，促进了西域和内地经济文化的交流，建立了汉王朝与西域各国广泛的经济文化联系，开拓、发展并保证了中西交通，获得了西域和中亚的社会、经济、地理交通的大量信息，延续了中国同中亚和欧洲的友好往来，为统一多民族国家的巩固做出了伟大贡献。他们的功业将永载史册。

3. 司马迁科学地理观念的养成

司马迁（公元前145—约前86），字子长，西汉时期左冯翊夏阳（今陕西省韩城）人，是中国古代著名的史学家、地理学家和文学家。他撰写的《史记》被公认为中国史书的典范。

司马迁出身于书香门第家庭，从小受到良好教育。20岁时，第一次从京师长安南下漫游，足迹遍及长江中下游及山东等广大地区。司马迁用了好几年时间，一路上采访民间传说，考察文物古迹，搜集历史资料。比如说，司马迁去曲阜瞻仰了孔子的墓，还和孔子故乡的一些儒生一起揽衣挽袖，一步一揖，学骑马，学射，学行古礼，以此表达他对孔子的纪念。他走一路，考察一路。可以这样说，司马迁在漫游的旅程中，不放过任何一个了解历史的人，不放过任何一个存留于人们口碑上的故事，获得了许许多多从古籍当中所得不到的历史材料，同时他深入民间，广泛地接触了人民群众的生活，使得他对社会，对人生的观察和认识逐渐深入。

后来，司马迁当官后，又多次跟随汉武帝巡视各地，先后到过陕西省宝鸡市凤翔县、陕西省淳化县、山西省夏县、山西省万荣县、甘肃省平凉市、山东省泰安市、内蒙古包头市、宁夏回族自治区、河北省等地，并且曾经奉命出使四川省西昌市、汉源县，以及云南省曲靖市、贵州省等地，安抚西南少数民族。

近20年的漫游生活使司马迁的足迹遍布了全国广大地区，他遍历名山大川，饱览了祖国山河的壮美，直接感受到各地民风习俗的差异。这加深了他对某些历史记载的理解，大大拓展了他的地理视野，丰富了他各方面的知识，培育了他热爱祖国的思想感情。为《史记》的写作搜集了许多新鲜的材料，他在游览过程中的真切体验和亲身感受后来也一道写入书中，《史记》堪称一部历史和地理的百科全书。

从《史记》一书中可以看出，他曾游历过全国很多地方，写出了称得上我国最早的、完整的经济地理方面记述《货殖列传》，气候、水文方面的自然地理专门记述《律书》《河渠书》，外国地理和国内区域地理记述《大宛列传》《秦本记》等，在人物列传和其他部分也都广泛地记述了地理知识。这些优秀的地理篇章，不仅正确反映了当时人们的地理认识水平，也反映了他的一些先进地理思想和比较科学的地理认识。

特别应该提到的是《史记》一书的以下两个传记中的地理成就。

司马迁

《史记》

（1）中国第一部经济地理篇章——《史记·货殖列传》。司马迁在对全国社会经济、地理状况的观察、分析中，依据自然地理特征、气候条件、物产、人文状况等，将全国划分为五大自然经济区：关中（或称关中平原，指中国陕西秦岭北麓渭河冲积平原）、齐（今山东省）、楚越（江南）、三河（华北大部）、燕赵（今河北省和山东省）；然后指出各地区的人口、经济、物产、交通、贸易、城市以及各地的地域差异。

这些分区，无论从分区原则，还是区划内容上，都是比较科学的，符合当时的实际情况。充分表明了当时司马迁不仅具有明确的地域差异思想，而且比较正确地把握了各地自然差异的主要特点。

司马迁强调人的作用。他把人们的劳动看作是发展经济的前提。自然条件好的地方，如果人们开发不够，生产技术落后，那仍然是贫困的。而自然条件差的地方，由于人们积极开发，因地制宜地发展生产，所以呈现出另一番景象。

《史记·货殖列传》还叙述了当时的城市经济状况，把分布在黄河中下游和长江、珠江沿岸的二十几个较大的城市作了分析比较，指出它们之间的自然条件、交通条件、风俗习惯、物产、人口各不相同，各有特色，而共同的特点则是交通发达，为当地的政治、经济、文化、贸易中心。这些叙述体现了各个城市的特色，是我国最早的城市地理著作。

（2）中国寰宇地理专篇——《史记·大宛列传》。该书根据张骞出使西域的汇报，通过系统整理边疆地区和外国地理而写成。

"大宛"是汉朝西域地名，在今中亚的费尔干纳盆地一带。张骞在第一次出使时，曾以"大宛"为活动中心，其汇报各地的位置与距离也都以"大宛"为准，故用"大宛"为篇名。

《史记·大宛列传》总共有6 000多字。依次记载了大宛、乌孙（在伊犁河、楚河、巴尔喀什湖、伊塞克湖一带）、康居（今咸海以东、费尔干纳西北，即今乌兹别克斯坦和塔吉克斯坦境内）、奄蔡（里海、咸海以北）、大月氏（今阿姆河流域）、安息（即波斯，今伊朗）、条支（又称大食，今伊拉克一带）、大夏（今阿富汗）8国的地理环境、人口数量、特产习俗和国际关系等概况，同时还涉及周边的黎轩、郁成、盐泽、楼兰、姑师、仑头、苏韭等国家和地区。其文字虽简略，地位却十分重要，首次较为完整地介绍了西域诸国的概况。在我国，这样简明扼要而又真实地介绍西域各国地理情况的著作，《史记·大宛列传》是最早的。

《史记·大宛列传》的特点在于对地理环境的重视：以"大宛"为中心，旁及周围一些国家、部落，远至今西亚南部、南亚一些地方，也涉及中国新疆和川、滇部分地区。对这些地区的地理和历史情况的叙述，包括位置、距离、四邻、农牧业、物产、人口、兵力与城邑等，言简意赅。不仅叙述了开辟"丝绸之路"的艰苦历程，而且还反映出中国古代人民地理知识与视野的不断扩大，从狭隘地理观转变为寰宇地理观，是研究中国地理学史和中亚等地历史地理的重要文献。司马迁为我们描述了一幅非常直观的西域地理方位图，使我们可以掌握汉朝时西域各国的大体分布情况，提供了研究西域历史地理的重要材料。

（3）《史记》中强调地理因素在国家建设的重要性。通观整部《史记》，我们可以发现，首先，司马迁已经充分认识到地理环境条件在建立国家、稳定社会中所起到的重要作用。司马迁认为，秦国是一个处在偏远地方的小国，国家成立的时间不长，军力也谈不上雄厚，最后能够统一全国，关键在于秦国具有得天独厚的地理条件，就是进可攻，退可守。司马迁又进一步指出当时社会发展的现象，就是可以在别的地方发动军事行动，但建立国家必须选择陕西关中之地。因为关中四方有关隘，再加上陕北高原和秦岭两道天然屏障，使关中成为自古以来的兵家必争之地。关中土地肥沃，河流纵横，气候温和，司马迁在《史记》中称其为"金城千里""天府之国"和"四塞之国"。自西周起，先后有12个王朝在此建都，历时1100多年。司马迁解释了地理因素在建国立业中的重要性，非常清楚地认识到地理环境条件在保证军国大事上的重要作用。

其次，司马迁强调人在地理环境中的主导作用。司马迁在记述各地经济发展状况时，注意到南北经济地理条件的优劣，不一定是与社会经济发展水平成正比的。司马迁认为，虽然南方自然地理条件优越，但是人们仅依靠自然，就能自给自足，维持最低的温饱，因而不注重利用自然条件，积极发展生产，获取更多收入，造成既没有挨冻受饿的人，也没有出现富豪的现象；而北方虽然自然地理条件恶劣，又常遭水灾旱灾，但人们却都能苦干巧干，积极发展生产，加强贸易往来，反倒成为富饶的地方。司马迁意识到人在地理环境中的主导作用无疑是正确的。

也正是基于此，司马迁在《史记》中，将人工改造自然条件的实践活动，大加记述。如兴修水利，他不仅记述了当时和前朝著名的大型水利工程，如郑国渠、都江堰等，而且网收天下治水兴利的其他材料，专门成为一篇《河渠书》来记录。

再者，司马迁的地域差异思想。司马迁在对全国社会经济、地理观察分析中，依据自然地理特征、气候条件、物产、人文状况、交通等划分全国为如下五大自然经济区。

① 关中经济区。包括今天的陕西省、甘肃省和四川省。土地肥沃，物产丰富，人民勤奋从事农业，交通便利，工商业发达。

② 三河经济区。包括今天的河北大部分地区。这个经济区土地面积狭小，人口众多，民风勤俭朴素，交通便利，是中原的商业中心。

③ 燕赵经济区。包括今河北省和山西省部分地区。盛产鱼、盐、枣、粟等，物产丰富。赵都邯郸和燕都蓟是这一经济区的两大商业城市。

④ 齐、鲁、梁、宋经济区。包括今山东省和河南省的部分地区。工商业繁荣，人民勤奋务农，善于储藏备荒。

⑤ 楚、越经济区。包括现在的长江下游和珠江流域。

司马迁以西汉以前的经济环境为背景，以实业家的活动为主线，分区论述了各地的地理环境、社会风气、经济发展和物产。这些分区，无论从分区原则，还是区划内容上，都是比较科学的，符合当时的实际情况。充分表明了当时司马迁不仅具有明确的地域差异思想，而且比较正确地把握了各地自然差异的主要特点。司马迁的这

> **知识链接**
>
> ### 《汉书·西域传》
>
> 《汉书·西域传》也有许多地理内容。它对西域一些城邦和部落的治所、人口数目、军队数目、物产、距离长安多远,以及与中原地区的物质文化交流,都有较详细的记载。它提到了葱岭(今帕米尔高原)、南北大山(南面的昆仑山和北面的天山),还有塔里木河、于阗河(今和田河)北流与葱岭河(今叶尔羌河)汇合,称塔里木河,它东注蒲昌海(今罗布泊,已干涸)。这些记载都是正确的。它还提到沙漠,说鄯善白龙堆在玉门关与鄯善(即楼兰,其地初在今罗布泊北,后迁其南,今已沦为戈壁)之间。这是当时西域地理情况的宝贵资料。
>
> ### 《后汉书·西域传》
>
> 东汉建初元年至永元十四年(76—102),班超在西域长期进行政治和外交活动,使汉朝和西域在经济文化上的交流得以不断发展。97年,班超派甘英出使大秦(今东罗马),抵安息、条支西界,为西海(今波斯湾)所阻,未能到达。但甘英的这次旅行却意义重大,他是中国第一个出现在波斯湾的旅行家。班超的儿子班勇,从儿童时代起就随父到西域,后来又继承父志,再通西域。他的一生几乎都在西域度过。他把亲身经历的见闻,写成《西域记》一书,对西域诸国的道里方位、气候、地势、物产、风俗等,都做了较详细的记录。后来此书被南朝宋时范晔收入《后汉书·西域传》中,为研究西域历史地理的重要资料。
>
> ### 《异物志》
>
> 东汉及随后的三国时期出现了数量可观的异物志著作,如东汉杨孚的《南裔异物志》、三国谯周的《巴蜀异物志》、万震的《南州异物志》、沈莹的《临海水土异物志》等。这些著作所记皆为长江以南地区的事物,内容多属草木、禽兽以及矿物。南方地记著作的出现,是当时北方人民逐渐南移的一种反映。

些论述,为我国区域经济地理、商业地理学的构建做出了先驱性和开拓性的卓越贡献。

第一次以"地理"命名的书籍

《汉书·地理志》是中国第一部以"地理"命名的地理著作,由东汉学者班固撰写,成书于54—92年。

"地理"一词,在我国出现很早。先秦时的《周易·系辞》中就有"仰以观于天文,俯以察于地理"的话,而且明确指出地理是指山川等大地方面的知识。《汉书·郊祀志》曾说:"山川,地理也。"

又如唐朝孔颖达在注释它时所说的："地有山川原隰，各有条理，故称理也。"但是，我国以"地理"命名的著作却出现较晚。从先秦的《禹贡》《山经》等著作，到西汉的《史记·大宛列传》《史记·货殖列传》等优秀地理篇章，都是地理方面的著作，却都不以"地理"命名，直到东汉班固撰写《汉书》时，才第一次使用"地理"一词作为有关地理篇章的标题，即《汉书·地理志》。

《汉书·地理志》的内容可分为如下三部分。

（1）转录《禹贡》及《周礼·职方》全文，并且采用简单的文字，来讲述汉朝以前政治地理的演变和大体发展状况。

（2）重点记述西汉地理内容。第二部分是汉平帝元始二年（2）的全国行政区划的设置情况，共计有103个郡（国）和所辖的1 587个县（道、邑、侯国），记述汉朝郡县的设置、沿革，以及与域外一些国家地区的交通往来情况。在内容上，郡（国）一栏，除记述行政区的设置沿革外，另包括户口、所辖县、邑、道或侯国，还记述一些重要的自然和经济情况；县（道、邑、侯国）一栏，分别记录有关山川、水利、特产、官营工矿，以及著名的关塞、祠庙、古迹等情况。据统计，《汉书·地理志》涉及自然地理方面的记述有134座山，258条水，20处湖泊，7个池，其他江河水体29处，还记载了62个郡的112个盐、铁、铜等

班 固

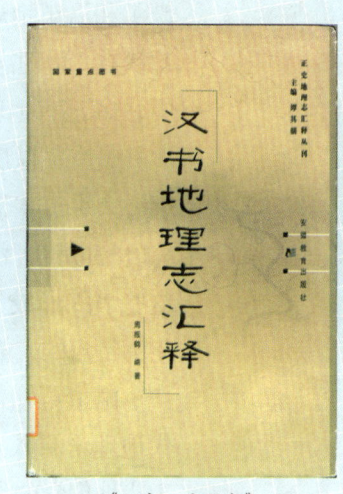

《汉书·地理志》

矿物产地，反映了当时官营盐、铁产地的分布状况，还记有水道和陂、泽、湖、池等300多处，所记水道大多在源头所在的县条中说明其发源和流向。较大河流还记有所纳的支流和行径里数。这为了解古今河道变迁的情况，提供了重要可靠的依据。

（3）转录刘向的《域分》、朱赣的《风俗》，叙述了汉朝的一些经济、人文地理情况，对全国作了区域划分和分区概述，尤其是《风俗》偏重于经济、物产、风俗习惯、历史沿革的叙述，分论各地区的地方特点，还载有南海各国的历史地理简况和海上通航的路线。书中关于海南岛的风俗、物产、兵器等情况的记载，是现存最早的关于海南岛的文献资料。具有全国区域地理总论性质，且较为全面扼要。

《汉书·地理志》对汉朝郡县封国的建置，以及各地的山川、户口、物产、风俗和文化等作了综述，保存了汉朝及其以前的许多珍贵地理资料。《汉书·地理志》尤为重要的历史价值在于开创了政治地理、区域地理、历史地理、边疆地理、沿革地理同时并用的先河，堪称中国地理学史上一部具有划时代意义的著作。

《汉书·地理志》作为中国最早的一部以"地理"命名的著作，"地理"一词也是由此被作为一门学问的名词术语而正式确认的。同时，它也是中国最早以疆域政区为主体的地理著作，开创了疆域地理志（以一个朝代一定时期的疆域政区为主体，分别记录各地区山川、物产）和沿革地理的体例。此后，中国历代的官修史书中，绝大多数都辟有"地理志"一章，记述各朝郡县疆域及山川状况（24部"正史"中，16部有地理志），它们都是以《汉书·地理志》为典范编纂的。尤其是唐朝以后编修的历代地理总志，如唐朝《元和郡县图志》、宋朝《太平寰宇记》《元丰九域志》，以及元、明、清各朝的《大一统志》等，也都是在《汉书·地理志》所开创的写作体例的基础上发展而来。这些最终形成了我国古代地理学中最主要的以重视疆域政区沿革变化为特点的"沿革地理学"体系。

由上可知，《汉书·地理志》的出现，可以说是标志着中国古代地理学深入发展的一个转折，它开创了沿革地理的先河，使中国古代地理学的发展方向主要趋向沿革地理。

全球奇观——古运河灵渠

灵渠，建成于公元前214年，至今已经有2200多年的历史，是世界上最古老的人工运河之一。又名湘桂运河、陡河、兴安运河（唐朝改为今名），位于今广西壮族自治区兴安县境内。灵渠沟通了湘江（长江水系）和漓江（珠江水系），为开发岭南起到了重要作用。

灵渠的渠道由人工渠、开挖天然溪流的半人工渠道和整治后的天然河流组成，分为南北两渠：南渠长33千米，北渠长3.5千米。以弯道减缓坡度；以陡门和堰坝节制用水，增加通航水深；以侧向溢流堰分泄洪水，保障安全。

灵渠的开凿巧妙地利用了地形优势，选取沟通长江、珠江两大水系运河的最佳地段。在具体做法上，灵渠渠首的地方用拦河坝壅高湘江水位，将其一股（今称南渠）通过穿越分水岭的人工渠道引入漓江上源支流，并对天然河道进行扩挖和整治后，进入漓江；将另一股（今称北渠）另开新渠屈曲于湘江右岸再入湘江。用于拦河的大小天平、用条石砌的溢流坝、铧嘴（导水分水堤）、湘江故道和泄水天平，综合地实现了分水、引水和泄洪等项功能。

在具体选线上，为了解决最窄处湘江低于大榕江水位、长江水系的水流不能流入大榕江的问题，采取了抬高引水渠口到海洋河下游，延长渠线，降低比降，使之保持一定的水位高程。而渠道的开凿又充分利用了旧河道，全长34千米的运河只有4千米为新开挖河道，其他部分全利用旧河道进行少量修改。新河道还注意避开了溶洞渗漏问题，同时在引水处采用分水铧嘴；在运河沿线采用防洪的大小天平等工程措施，使运河无论在洪涝还是干旱时期，都能保证航运的正常进行。

灵渠的建成，保证了秦国军队南征的粮食和物资供应，完成了统一中国的

灵渠

大业，增设了桂林、象郡、南海三郡，扩大了版图，促进了中原和岭南经济文化的交流以及民族的融合。

其后，历代不断增修改进，如汉朝马援，唐朝李渤、鱼孟威又继续主持修筑灵渠。唐朝已建有陡门18座，宋朝发展到36座，元明清三朝多次维修完善，保证了灵渠航运长期不衰，作用日益增大，是2000余年来岭南（今广东省及广西壮族自治区）与中原地区的主要交通线路，对广东广西地区的政治、经济、文化有着重大影响。

1936年和1941年，粤汉铁路和湘桂铁路相继通车，灵渠的航运逐渐停止。新中国成立后，对灵渠进行了全面整修，基本保留了传统工程面貌，使其在农田灌溉、城市供水和风景游览综合利用等方面，仍然起着重要作用。

灵渠是世界上现存最完整的古代水利工程，灵渠在向世人展示着中华民族不畏艰险、吃苦耐劳精神的同时，也展示着中华民族丰富的智慧和无穷的创造力。

从灵渠水利工程的规划、设计，到效益来说，不难看出，它不仅采用了比较科学的工程措施，而且最重要的是，它在对各种区域地理形势进行认识、比较的基础上，正确地选择了最优的地理走向（条件），即在当时技术生产水平下的最好选择。这说明，当时在区域地理认识上，已能将对地理的正确认识应用到生产实践中去。

灵渠设计科学灵巧，建造工艺精巧完美，令人赞叹。与四川都江堰、陕西郑国渠并誉为"秦朝三项伟大水利工程"，郭沫若称之为"与长城南北相呼应，同为世界之奇观"。

灵渠两岸风景优美，文物古迹众多，如状元桥、陡门、四贤祠、飞来石、铧嘴、大小天平、泄水天平和秦文化广场等景点，景区内还建有二战美国飞虎队遗迹纪念馆，现已成为桂林的旅游胜地。

世界彩色地图的鼻祖——马王堆地图

1973年12月，在中国长沙马王堆3号汉墓的考古发掘中，发现了三幅绘在帛上的西汉地图——"地形图""驻军图""城邑图"，是世界上现存最早的较完整的古地图。其中保存较完整的是"地形图"和"驻军图"。地图完成于西汉文帝的前元十二年（公元前168）以前，制图人不详。

西汉马王堆地图是按一定的制图原则绘制的，除比例、方向和距离外，还有表示分类、分级等一套图例符号系统。

西汉马王堆地图用黑、红、青三种颜色绘制，位于图幅左上方的珠江口以田青色绘画，道路用淡赭色描绘，其余内容均以黑色表示，工艺精细。图上注记的字体为篆隶之间的过渡字体。马王堆地图的出现，证明中国汉朝的地图制图学已发展到了相当高的水平。

这三幅地图的出现，给中国的地图史提供了最早的宝贵实物资料，其制作年代距今已有2100多年，也是三幅当今世界上无比珍贵的中国彩色古地图。

三幅地图中，"地形图""驻军图"已基本复原，"城邑图"由于破损严重，至今没有复原。

"地形图"是世界上现存最早的以实测为基础的古地图。图的方位是上南下北，长、宽各96厘米，地理范围包括今湖南省南部、广东省北部和广西壮族自治区东北部，主要描绘了南岭的九嶷山地区。其概略比例为1:180 000。地图内容丰富，绘画精细，表示了山脉、河流、居民点、道路等，尤以河流和居民点最为详细。

"地形图"用按流水方向由细到粗的渐变线表示湘江水系的大深水（今潇水）、营水等30多条河流，这部分图的绘图精度相当高，图上的水系绘得详细准确，30多条河流的地理位置、流向和水系结构，大部分与现代地形图大同小异，名称标注也很有规律。图中80多个城镇、村庄分别用方框、圆圈两类符号分级表示，并且一律在符号位置里注记名称。县城之间、县城同乡里、乡里之间和山间的小路20多条，用虚、实两种线划区分。

"地形图"中的地貌是以水平山形线和柱状符号相配合来表示九嶷山脉，用鱼鳞状曲线和月牙形符号分别显示浑圆丘岗和突出山嘴。这种地图方法设计，欧洲大约到13世纪以后才出现，比中国晚了1400多年。

"驻军图"是世界上现存最早的彩色军事地图，长98厘米，宽78厘米，方位是上南下北，地理范围是"地形图"的东南部分。主区为大深水流域，即今湖南省江华瑶族自治县的滞水流域，比例尺约为1∶80 000～1∶100 000。图上所绘的山脉、河流、道路、居民点不如"地形图"，但突出了军事内容，着重表现了9支驻军的布防、防区界线、指挥城堡等军事情况。用红、黑双线勾框表示，十分醒目。用不同颜色区别不同地理要素是"驻军图"的显著特点，它用黑色"山"字象形符号表示山脉；用青色绘制河流、湖泊，而且体现了河道的宽窄；用黑底套红框标出守备部队的驻地和军事工程建筑物；用红色虚线表示军队行动的通路；用红色三角形标示城堡；用黑色圆圈标出居民点；用红色标出守备区的分界线等。

将"驻军图"与现代地图进行比较研究，发现图中主要河流、山形与现今十分相近，居民点位置也十分准确。这说明在当时测量工具并不十分发达的情况下，就能绘制出如此准确的地图，是十分了不起的。

西汉马王堆地图的出土，表明秦汉时期中国地图学已达到相当高的水平，从而改变了过去那种认为汉朝地图很粗糙、不可靠、没有统一绘图原则的看法。西汉马王堆地图为研究当时的历史地理、军事思想提供了极其珍贵的实物资料。

3 魏晋南北朝地理学的特殊亮点

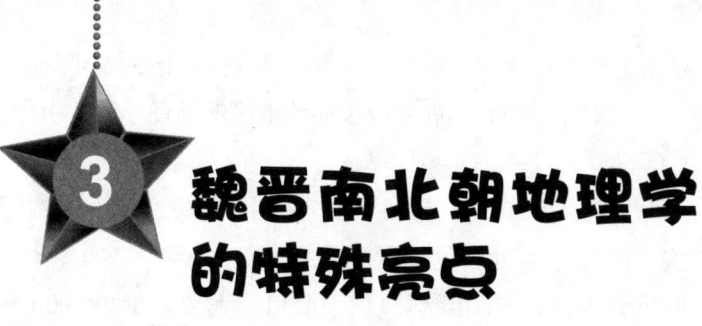

魏晋南北朝时期（220—589），科学技术有了显著进步。这一时期科学技术继承了前朝的成就，在数学、农学、地理学、天文历法、机械制造、冶炼技术、医学等许多方面又多有创新。

魏晋南北朝时期的地理学，既继承了秦汉的传统，又有新的创造。当时中国地理学的发展具有以下四方面的突出特点：大地认识论的活跃；区域地理认识的进一步深入；传统地图编制理论的创立；地理志（地记）的繁荣。

一些专家学者认为，魏晋南北朝时期是一个民族大迁移的时代，是一个地理大发现、地理大交流的时代，是一个产生伟大地理学家与地理著作的时代，形成了这一时期地理学成就的特殊亮点。这个时代产生了杰出的地理学家和优秀的地理著作，如裴秀的"制图六体"理论、葛洪的"沧海桑田"地壳变动思想、法显的《佛国记》、郦道元的《水经注》等。魏晋南北朝这些新的地理学成就，构成了这个时期地理学的显著特点。

中国科学制图学之父

地图和地图绘制，表现了人类关于地理数据和空间的认知水平，也体现了人类关于地理环境探索认知水平的提高。同时，地图也是地理学的特殊语言，最能直接、明确地表现各个时代的各种地理认识和地理要素。

1986年在甘肃省天水市放马滩发现的木板地图，是一幅距今2000多年战国末期秦国的区域地图。1973—1974年在湖南省长沙市马王堆汉墓出土的三幅西汉帛画地图（西汉初长沙国深平防区地形图、军事图、都邑图），比较准确地表现了描绘地区的地理形势（山川、道路、居民点等）。

但是，由于时代认知的局限性，这些地图还缺乏统一的制图理论和方法，因此，不可避免地要出现制作上的误差。如《地形图》的比例尺大小，从该图绘制面积来测量，大致为 1∶170 000～1∶180 000，表现在地图上就是中心部分绘制较准确，周边地区误差较大，比例上显得不统一。

如何提高地图的准确表现力，制订一套比较科学的地图制作原则，不仅是一般绘制地图的技术问题，也是有关地理认知的重要问题。从史书记载来看，我国最早总结地图制作理论并提出一套制图方法论的人，是西晋时期的裴秀。

裴秀(224—271)，字秀彦，魏晋时河东闻喜(今山西省闻喜县)人。出身于士族家庭，自幼聪颖好学，曾随司马昭出兵淮南，收集了许多地图资料。后任"司空"等官时，又接触到国家收藏的地图等资料，为他建立地图理论打下了良好的基础。同时，鉴于当时战乱后，全国地图散失较多，而古代旧地图也因地名变迁，注解不一，或者制作粗糙，不便于使用。于是，他便考释《禹贡》中的山川等记述，以及九州与当时十六州的变化，主持编绘了《禹贡地域图》18幅，又缩绘了汉朝的全国地图为《地形方丈图》。

正是在这种对地图的广泛了解和制作实践中，裴秀逐渐总结经验，建立起一套地图制作的理论原则——制图六体。

所谓制图六体，就是绘制地图所必须遵循的六条原则，其内容包括：分率、准望、道里、高下、方邪(斜)、迂直六要素。

分率即比例尺；准望为方位（是指以互相垂直的线条在图纸上画满符合一定要求的方格，这样既能表示缩小的比例，又便于确定方位，这种方法称为"计里画方"）；道里是指距离；高下、方邪、迂直是要因地制宜，用来校正由于地形起伏、方向偏差和迂回弯曲的复杂地理要素所引起的误差。

地图上如果只有图形而无比例尺，就不能判断距离的远近；有比例尺而没有方位,虽然某一处正确,但其他地方又必然会产生误差;有方位而没有道路里程,在山海隔绝的地方就不能相互通达;有了道路里程而没有地表高低、方向方位、道路迂直的校正,则图上量算的里程,必然和实际不符,方位也就不正确了。裴秀用这六条制图法则,互相参照、订正,其次,图上距离的远近决定于比例尺;彼此间的方向位置决定于方位;道路的距离决定于里程;实际的距离应通过订正高下、方邪、迂直量算出来。所以,虽然有高山大海的阻隔,绝险远方之地,以及高低不平、崎岖等情况,都可以在地图上正确表现出来。只要订正了方位,曲直远近就很容易显示出来了。

裴秀对我国地图学的发展做出了巨大贡献。他所提出的"制图六体"为我国制图学奠定了科学基础。因此,把他称为我国科学地图学的创始人也并不过誉。英国科学家李约瑟称裴秀为"中国科学制图学之父",与欧洲古希腊著名地图学家托勒密(Claudius Ptolemaeus,约90—168)齐名,是世界古代地图学史上东西辉映的两颗灿烂明星。

裴秀的"制图六体"理论,是绘制平面地图的基本科学理论,在裴秀的"制图六体"理论中,除没有提到现代地图中的投影和经纬度之外,其他主要问题(比例尺、方位、高差、距离等)都已明确提出,这为编制地图奠定了科学的基础,在我国地图发展史上具有划时代的意义,对我国传统制图学理论做出了重要贡献。

裴秀的"制图六体"理论影响极为深远,自西晋至清初的1300多年里,它始终是我国地图绘制的重要原则,如唐贾耽的《海内华夷图》、北宋沈括的《九令图》、绍兴六年(1136)刻绘的《禹迹图》(保存在今西安碑林)、元朱思本的《舆地图》、明罗洪先的《广舆图》等。

托勒密

清末的许多地图在使用经纬线的同时，还使用计里画方之法。所以，裴秀制图六体的提出，是我国传统地图学发展的一个飞跃，在我国地图学史上具有划时代的意义。在世界地图学史上也占有重要地位。

知识链接

克罗狄斯·托勒密（Claudius Ptolemaeus，约90—168），古希腊著名地理学家，完成了具有划时代意义的著作《地理学指南》。

《地理学指南》是用希腊语书写在古本手卷上的著作，讲述了关于如何绘制一幅实用世界地图的相关知识。托勒密认为，地理学是对地球整个已知地区及与之有关的一切事物作线性描述，即绘制图形，并用地名和测量一览表代替地理描述。他将神话因素从地图中剥离，详细说明如何采用两种地图投影方法（将三维球面通过数学法则转换为二维平面方法），将球体的地球绘制到平面上，尤其是后一种方法最为重要，它决定了地图的呈现方式。托勒密在地图上标出了超过8 000个的古代世界地点坐标，被认为是世界最早的地图集雏形，使地理学家可以利用天文学和数学透过星象演算出世界的样子。

在《地理学指南》一书中，托勒密将整个世界画在27张地图上。其中欧洲画了10张，亚洲画了12张，非洲画了4张。托勒密画每张地图时，总是将地图正上方定为正北，这便是我们现在上北下南、左西右东的由来，直到今天，这些理论仍然是地形图和世界地图绘制的标杆。

在这本书的最后，托勒密列出了地图上所有的地名以及它们的经度和纬度。他的著作为以后地图集的制作提供了典范，他所制作的地图一直被作为标准地理教科书，并且一直沿用了近2000年。托勒密为科学绘制地图奠定了基础，然而直到许多年后，他在这方面所做的努力和成绩才得到后人的承认和进一步的发展。

尽管托勒密的地图有诸多不完善、不精确的地方，但这一地图为人们提供了世界的全景，开阔了人类的视野，这种历史地位是无可取代的。

不过，如同许多曾经被时间灰尘埋没的巨著一样，《地理学指南》在2世纪左右成书时并没有引起重视。直到1300多年后，探索未知大陆的热情开始在欧洲蔓延。一个走街串巷收集古籍的神父，意外地在罗马都城发现了无人问津的《地理学指南》手稿。

1406年，这部了不起的手稿被翻译成拉丁文。那正是航海梦涌动的时期，在一些历史学家看来，《地理学指南》被重新复制并印刷，"简直就和哥伦布发现新大陆一样激动人心"。令后人惊奇的是这本地图集尽管年代久远，却能达到很高的准确度，当时的技术多么有限，但地图的显示大体正确。托勒密的绘制只能根据海员和乘客的描述而进行，可以知道他的工作有多么不寻常。指引哥伦布发现新大陆的，就是托勒密。1492年，当哥伦布从西班牙海岸出发，一路西行寻找遥远的东方时，他带着3艘帆船，87名水手，以及一本由托勒密编写的《地理学指南》。尽管那时，距离这本著作诞生已经过去了1300多年，但对于当时的欧洲人来说，它仍然是"对已知世界地理情况的最佳指南"。

2004年，英国牛津郡的一场大火烧毁了大半个沃丁顿庄园，收藏在其中的一册托勒密地图集却完好无损。为了支付灾后巨额的修缮费用，沃丁顿家族不得不将地图集送到苏富比拍卖行。最终，这册图集以213.6万英镑的天价创造了有史以来最高的地图拍卖价。

"沧海桑田"——美丽神话中的科学认知

"沧海桑田"在中国是一个家喻户晓、妇孺皆知的成语故事,形容环境巨变。人们对成语"沧海桑田"的意思并不陌生,但是它所包含的科学意义却知之甚少。这寻常的成语中包含的深刻含义反映出古人对地质变化的认识,并且也反映出科学与人文的完美交融。这也许是传统文化的魅力之所在。

"沧海桑田"这个神话故事最早见于东晋葛洪编撰的《神仙传·麻姑》。葛洪,字稚川,号抱朴子。东晋丹阳句容(今江苏省句容县)人,道教学者、炼丹家、医药学家。在《神仙传·麻姑》中,一位女神仙麻姑说道:"我已经亲眼见到东海三次变成桑田",东海所指相当于今江苏省连云港地区(含东海县),位于黄海沿岸。

麻姑,建昌(今江西省南城县建昌镇)人,是一个小官吏的女儿,因不满父亲虐待民工,遭到父亲的关押,后逃了出来,经王母娘娘指点,来到牟州(今山东省莱州市)东南姑余山(昆嵛山,古名根余山、姑余山)修炼成仙。

到了东汉桓帝(132—167)时,神仙王方平下凡要东赴括苍山,经过吴地的蔡经家,收蔡经为徒弟教他修仙秘法,蔡经升仙后身体如蛇蝉蜕皮。又过了十多年,蔡经忽然回家,对家里人说:"7月7日师傅王方平会来拜望。"

到了日期,王方平乘坐羽车而来,他驾驭五条飞龙,颜色各不相同,在一批乘坐麒麟的吹鼓手和侍从的簇拥下,威仪显赫。只见王方平戴着远游的帽子,挂着彩色的绶带,佩着虎头形的箭袋,显得威风凛凛,好似大将军气派。

王方平到了蔡经家后,坐了一会儿,拜会了蔡经的父亲和哥哥。休息了一会儿,王方平对空中说道:"王方平敬报麻姑,我

葛 洪

很久没有来人间,这次来到这里,希望麻姑能顺便前来。"蔡经有点茫然,因为他并不知道麻姑是什么神。

过了一会儿,有回音来了,但只能听到声音,却见不到使者。声音说道:"麻姑再拜,转眼我们已经五百年没有见面了。我们之间尊卑有别,总没机会向你表达敬意,一直非常想念。本来应该立刻前往,但是我先前已经受命巡行蓬莱,现在就要先去一趟,然后回来。回来后我立即前往觐见,希望你不要马上离开。"

过了几个小时,麻姑来了。来的时候听不到人马的声音,随从人员只是王方平的一半。原来麻姑是王方平的亲妹妹。蔡经全家人出来见麻姑。这是一位年轻漂亮的姑娘,虽说已1000多年过去了,麻姑长得仍像十八九岁,头顶上盘着发髻,散落的秀发垂到腰间,身上的衣服有彩色花纹,但不是锦绣绸缎,却光彩夺目,难以用文字描述,都是人世间所没有的。麻姑进门拜见哥哥王方平,王方平也站起来迎接她。

兄妹互相行过礼后,王方平吩咐开宴。宴席上的用具全是用金和玉制成的,珍贵而又精巧;里面盛放的菜肴,大多是奇花异果、麒麟肉干等,香气扑鼻。所有这些,也是蔡经家的人从未见到过的。麻姑对哥哥说:"自从得了道接受天命以来,我已经亲眼看到东海三次变为桑田。刚才到蓬莱仙岛,看到东海的水又比前一时期浅了一半,计算时间大约才过了一半,难道东海又要变成丘陵和陆地了吗?"王方平笑叹道:"是啊,圣人都说,大海的水在下降。不久,那里又要干涸,变得尘土飞扬了!"

宴饮完毕,麻姑要见见蔡经的母亲和家人,蔡经的弟媳刚刚生产数十天,麻姑远远望见,已经明白,对她说道:"哎,你先站住别过来。"当即要了少许米,把米撒到地上,米落地后马上变成了珍珠。王方平笑道:"麻姑依然年少,我一点儿也不喜欢再做这类变化的游戏了。"

麻姑的手指像鸟爪,蔡经见后想:"如果后背瘙痒的时候能用这只手抓背,就太好了!"

王方平已经知道蔡经心中所想,立刻让人拉住蔡经,用鞭子打他,说："麻姑是神，你为何想用她的手来抓背？"但见鞭子打到蔡经的后背，却见不到拿鞭子的人。王方平告诉蔡经说："我的鞭子可不是轻易就能挨到的。"

随后，王方平、麻姑各自召来车驾，升天而去。

麻姑所说"沧海桑田"原来的意思是：海洋会变为陆地，陆地会变为海洋。这种"沧桑之变"是发生在地球上的一种自然现象。"沧海桑田"的主要原因，是人类活动、地壳变动与海平面的变化。因此，这种"沧海桑田"的变化，在地球上是普遍进行着的一种自然过程。

葛洪以神话故事的形式，表达了对自然界地理环境变化的朦胧认识，对以后科学论证海陆变迁现象起到了开拓性和先驱性的作用。

随着人类科学的进步、社会生产力的发展，人们对海陆变迁的认识，也有了一定的深度。到唐朝时，颜真卿便成为最早以观察事实论证海陆变迁的人。他在今江西省南城县麻姑山顶的一座古坛附近，发现了一些夹在地层中的螺蚌壳化石。于是他便认真分析了这一现象，认为这里原来应是海洋，后来才变成了陆地，而这些螺蚌壳化石就是海陆变迁、地壳抬升的证据。这是我国历史上最早以实际观察到的实物证据论证海陆变迁思想的地理学事件。此后，北宋沈括、南宋朱熹等都延续并发展了这一思想。所以，颜真卿的这一认识标志着我国古代自然地理认识的一大进步，在地理认识史上具有划时代意义。

到了唐朝，白居易对沧海变桑田的过程作了合乎科学的解释，他认为：海浪对陆地泥沙的不断冲刷，是使大海淤填成陆地的主要原因。

到了北宋，著名科学家沈括在地理学领域做出了卓越贡献：最早科学地论证了海陆变迁现象，从而把海陆变迁的认识推向了一个新的阶段。1074年，沈括奉命到现在的河北省西部、河南省北部等地区巡察。依太行山而北行，他看到山崖间常常有镶嵌螺蚌壳的鹅卵石，像一条长带，横贯在石壁中间。经过观察分析，认为太行山、华北平原为过去的沧海，其变成陆地的原因就是河流冲积作用。他从黄河等北方河流的水文特征上进一步论证了华北平原的成因，指出黄河、漳河、滹沱河、涿水、桑干河等河流，都是含有大量泥沙的浑水，函谷关、陕县以西的地带，河水都在地面以下流动，河道低于地面不少于约33.33米。这些河流携带的泥沙长年向东流，全都沉积为大陆的泥土，这是必然的道理。

知识链接

列奥纳多·达·芬奇

列奥纳多·达·芬奇，意大利文艺复兴三杰之一，也是整个欧洲文艺复兴时期最完美的代表。他是一位思想深邃、学识渊博、多才多艺的画家、寓言家、雕塑家、发明家、哲学家、音乐家、医学家、生物学家、地理学家、建筑工程师和军事工程师。他是一位天才，他一面热心于艺术创作和理论研究，研究如何用线条与立体造型去表现形体的各种问题；另一方面他也同时研究自然科学，为了真实感人的艺术形象，他广泛地研究与绘画有关的光学、数学、地质学、生物学等多种学科。他的艺术实践和科学探索精神对后代产生了重大而深远的影响。

达·芬奇在地理、地质学上的突出贡献，就是根据高山上有海中动物化石的事实推断出地壳有过变动，指出地球上洪水的痕迹是海陆变迁的证明，这个思想与300年后赫顿在地质学方面的发现颇为近似。并且在麦哲伦环球航行之前，他就计算出地球的直径为11000余千米。

詹姆斯·赫顿（James Hutton, 1726—1797） 英国著名地质学家。赫顿在英格兰爱丁堡大学法律系毕业后，转而从事医药学研究，1749年获莱登大学医学博士学位。早年曾先后学习法律、化学、医学和务农。1768年放弃农业，从事地质科学的研究。

18世纪末和19世纪初，科学界普遍采用推理的观念。赫顿进行了认真观察和推演，认为风行一时的看法——在地表看到的岩石是由一系列灾变事件所产生，不可相信。相反，他认为，由于内力作用，某些地区可能上升，然后遭受侵蚀，而另一些地区可能下降，成为沉积物淤积的盆地。关于地球表面的岩石到底是怎样形成的，在他之前已有魏尔纳的"水成论"，"水成论"者认为所有岩石都是在一个全球性的大洋中形成的。赫顿则不这样认为，他认为玄武岩和花岗岩曾经是熔体。熔体发生侵位后来到了地表，这些岩石是火成的而不是水成的，赫顿因此成为"火成论"的代言人。"火成论"的提出，产生了运动的地球的观念，这就为现代地质学的产生奠定了基础。赫顿博览群书，参加各种科学学术会议，四处旅游，观察自然界的运动变化，终于成为博学多才的地质学家。

1785年，赫顿在英国爱丁堡皇家协会上提出了"均变说"。他认为现代地质过程在整个地质时期内，以同样方式发生过，并且基本上有相同的强度。根据"均变说"能够用现在观察到的现象去解释过去的地质事件。1788年，赫顿又发表了《地球理论》，对陆地形成、消失和再生的规律进行了探讨研究。之后，他抱病修改他的旧作，《地球理论》分二册重版。书中列举许多例证，证实了他的论点。由于赫顿的理论与当时流行的见解相悖，加上他的写作风格又不易为

> 人所理解,因而许多人对他的论断意见纷纭,竞相反对。后来,他的密友约翰·普来费尔结合他自己的研究心得写了一本名为《赫顿地球理论说明》的书,简明扼要地进一步阐述了赫顿的"均变说",使"均变说"更加严密,无懈可击,从此,赫顿的思想在地质科学界赢得了广泛的支持,并成为地质科学的基础。

沈括的河流冲积原因说,是我国古代重要的海陆变迁学说。他不仅非常正确地阐释了华北平原形成的原因,还很科学地论证了海陆变迁现象,把古老的沧海桑田说建立在更加科学的基础之上。这比意大利人达·芬奇(1452—1519)最早理解亚平宁山中的螺蚌壳化石为海中古生物遗迹要早400多年。

宇宙奇书——《水经注》密码

北魏时期出现了一部宏大的地理著作,它的出现给我国后来的地理学和历史学发展都带来了十分深远的影响,被清朝地理学家刘献廷赞赏为"宇宙未有之奇书",它就是郦道元的《水经注》。《水经注》不仅仅是一部地理书,更是一部前所未有的百科全书。

郦道元(约466—527),字善长,北魏范阳涿鹿(今河北省涿州市)人。他少年时就喜欢读书和外出游览,对地理书籍和山川名胜极感兴趣。成年后,他曾做过多年地方官,足迹几乎遍及长城以南、淮河以北广大地区:他到过平城(今山西省大同市),观看过白道城(今呼和浩特市北)附近的阴山脚下的流泉,在比阳(今河南省沁阳市)考察过水系,在鲁阳(今河南省鲁山县)考察过汝水上源,安徽寿县八公山、山东半岛都曾留下他的足迹。他每到一地除注意地理考察外,还特别重视向当地居民询问了解该地的历史地理情况。

自《汉书·地理志》以后,中国历代正史及方志中的地理内容组成了中国古代地理学体系的基本框架。除了这一体系之外,中国人还创造出很多辉煌的古代地理学成就。西汉后期,桑钦编写的一本河流方面的地理书籍《水经》,是一部专门记述水道的著作。它继承发展了《尚书·禹贡》的"导水"部分,专门记载水系,由《尚书·禹贡》中的35条增加到137条，丰富了我国水系分布知识，但多限于源流和脉络，仍然比较简略，错漏也很多。

郦道元了解这种情况后，立志要为西汉后期桑钦编写的地理书籍《水经》加注解作补充。他引用的文献多达480种，其中属于地理类的就有109种。经过多年辛苦，终于写成名垂青史的著作《水经注》。书中记载了郦道元在野外考察中取得的大量成果，这表明他为了获得真实的地理信息，到过许多地方实地考察，足迹踏遍长城以南、秦岭以东的中原大地，积累了大量的实践经验和地理资料。

郦道元在《水经》记载137条河流、1万多字的基础上，又补充了1 252条河流，一共记载了1 389条河流，使文字达30万左右，可以说是我国当时对陆地水文地理知识的一次大规模资料综合汇编。

郦道元的《水经注》具体记述内容，是以水（河流）为纲，对流经的山、湖和注入的海洋进行连贯记述，对河流变迁进行了考证，并对之前的黄河三次改道都作了考证，对水系区的水汛、泥沙、岩溶、季节变化也都详加分析考证，可以说是中国古代最全面的一部河道地理专著。其不仅详述河流源流走向，而且对沿途的山陵、建筑、农事水利、名胜古迹、历史事件、神话故事等丰富内容也加以记述。

《水经注》不仅是水道记述，而且涉及北魏及以前的地理学、历史学、考古学、建筑学、水利学、农学、文学诸方面大量内容，是我国古代一本以水道为纲的百科全书性质的地理学著作，在我国长

郦道元

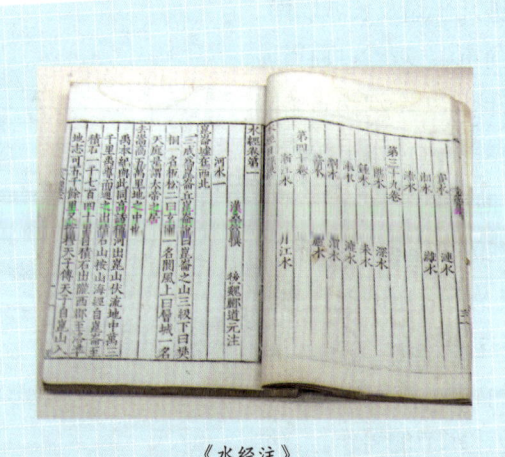

《水经注》

期历史发展进程中有着深远影响。

作为一位杰出的地理学家，郦道元在《水经注》的序言中指出，秦朝以前，我国已有许多地理类书籍，但当时国家不统一，生产力水平不发达，人们对地理的概念还比较模糊，所以会出现"虚构地理学"，如《山海经》《穆天子传》《禹贡》等都有这种情况。郦道元坚决反对"虚构地理学"，提出了自己的研究和工作方法，那就是重视野外考察的重要性，开创了我国古代"写实地理学"的历史，而且在世界地理学发展史上也占有重要的地位，不愧为中世纪最伟大的世界级地理学家。

知识链接

《水经注》在地理学史上的重要地位

第一，《水经注》虽然是我国6世纪时的一部地理著作，但它所包含的丰富地理内容，却是古代地理著作中空前绝后的。

就《水经注》的记述范围来说，它记述了北自安州（今河北省隆化县），南至日南郡（今越南中部），东至海，西达印度这一广大地区的河流及人文地理情况。主要包括了我国的滦河、海河、黄河、山东半岛诸河、淮河、长江、珠江、塔里木河、元江——红河，以及印度河、恒河等流域的1 252条河流。据统计，现存的《水经注》残本记载的湖泊至少有560个，瀑布60多处，温泉20多处，总计湖泊、陂泽、河渠水道等水体2 596个。估计原书记载至少在3 000个以上。这样宏大的内容，在我国古代地理著作中可以说是绝无仅有的。例如，清初黄宗羲的《今水经》，所记河流仅304条。清中叶齐召南的《水道提纲》虽然记载河流达8 600多条，但它是包括了清朝比北魏更广大地域的水系。而就《水经注》与《水道提纲》都记述的渭河水系来看，《水经注》记述直接入渭的一级支流就有105条，而《水道提纲》只有38条。因此，就水文地理资料而言，《水经注》的记述确实在我国古代地理著作中是无可比拟的。况且它在水系之外，还包括了丰富的其他自然地理（地形、气候、土壤等）、人文地理、历史地理等内容，这也是古代地理著作中少有的。

第二，由于《水经注》援引了众多的古代典籍史料和丰富的内容，它一出现就引起了史地学界的极大关注，并对后代的舆地学和历史地理研究产生很大影响。从唐朝李吉甫撰写全国地理总志《元和郡县图志》，到后来杜佑的《通典》、宋朝郑樵的《通志》等，都不断引用《水经注》的内容以编订地理志书。明清学者著地志，更是引用不疲，视之为"圣经贤传"。就是现代历史地理学者复原考论古代地理情况，也仍然以《水经注》为重要依据。特别是后人还仿《水经注》体例撰写地理著作，形成我国古代地理著作著述中一种独特的写作体裁。

第三，形成了专门从事《水经注》研究的"郦学"学派。《水经注》出现不久，史学界就对它本身的刊印、文字校理给以极大关注。从宋朝至明清在学术界形成了一个以校注整理《水经注》文字为主的"郦学"学派，如戴震、赵一清、杨守敬等。至今专门研究《水经注》的仍然代不乏人，而且兴起从地理学角度去研究、分析《水经注》各项地理内容的新趋势，进一步丰富了"郦学"的研究内容。

第一个到西天取经的老和尚

中国第一个到西天取经的老和尚，是东晋的法显，出行时已经60多岁。

法显（约337—420），东晋司州平阳郡武阳（今山西省临汾地区）人，一说是并州上党郡襄垣（今山西省襄垣县）人。他是中国佛教史上的著名高僧，一位卓越的佛教革新人物，也是中国历史上有记载的第一位到达印度本土的中国人。中国历史上的佛教求法僧人，最杰出、最有成就的，公推法显、玄奘和义净，其中法显的年代最早，年龄也最大。

释法显，本姓龚，有三个哥哥，都在童年时夭折，法显的父亲怕他养不大，3岁时就让他当了小和尚，因年龄太小，还住在家里。几年后法显得了一场重病，快要死了，父亲将他送到寺院里，在寺院住了两个晚上，病就好了。法显病好后就干脆住在寺院不愿回家了，他的母亲想见他也见不到。后来就在寺院大门外盖了一间小房子，以方便他们母子见面。

法显10岁的时候父亲就去世了，他的叔叔考虑到法显的母亲一个人难以独立支撑家庭，就让法显还俗，法显说："我本来就不是因为父亲的原因而出家的，而是因为要远离尘世才入道修行的。"叔叔认为他说的很对，就不再劝他了。

不久，法显的母亲也去世了。丧事完毕后，法显又回到寺院。

法显曾与几十个不满20岁的年轻和尚一起，在田中收割稻子，有一群饥饿的百姓来抢夺稻谷，其他和尚都吓跑了，只有法显没跑，他对饥民说："你们若是需要稻谷，可以随意拿取。你们过去也许从来不施舍给别人，才会有今天的贫穷饥饿。现在又来抢夺别人的稻谷，你们的来世会更加糟糕。贫僧我是十分为你们担忧啊！"法显说完就回寺院了。饥民们就把稻谷放下走了。对于年轻法显的胆识和口才，寺院里几百个僧人没有不叹服的。

法显成为一个正式的僧人后，志向行为更加明敏，礼法规矩更加整齐严肃，常常慨叹佛教经律短缺不全，发誓要去西天寻找佛教经律。

佛教自东汉传入我国后,不仅有许多印度僧人、佛徒来到中国进行佛教宣传,而且,我国也有不少信徒前往印度,亲自在佛教发源地学习佛学。为了到印度求取完备的佛教戒律,法显以60多岁的高龄,与一些同行者开始了前往印度寻求佛法的旅程。

法显一行于东晋隆安三年(399)从长安(今西安市)出发,经今西宁市,翻越祁连山,进入河西走廊,经敦煌以西的沙漠到焉夷(今新疆焉耆一带附近),向西南穿过今塔克拉玛干大沙漠抵于阗(今新疆和田地区)。穿越大沙漠时,天上没有飞鸟,地上没有走兽,四顾茫茫,无法辨识方向,只有看太阳来辨认东西,望着前方的死人枯骨来做路标。沙漠里常有热风恶鬼,谁遇上了必死无疑。法显以寻经为使命,勇敢地克服了各种艰险困苦,越过了大沙漠。

法显他们又来到葱岭(今帕米尔高原),山上的积雪多年不化,还有恶龙吐毒,风雨沙砾,山路艰险,悬崖峭壁高耸入云。过去曾有人来过这里,凿石通路,修有梯道,共有700多阶。他们抓着悬挂在河两岸的绳索渡过河去。类似的险途有好几十处,都是汉朝的张骞、甘英所不曾到过的地方。法显跨过了山险,取道今印度河流域,经今巴基斯坦入阿富汗境内,再返巴基斯坦境内,后东入恒河流域,到达天竺(今印度)境。

快到天竺国时,离王舍城15余千米,有一座佛寺,天已傍晚,法显在寺院住了一夜。第二天早上法显要上耆崛山(位于中印度摩羯陀国首都王舍城之东北侧,为著名的释迦牟尼说法之地),寺院的僧人劝他:"山路艰险,还有好多黑狮子,曾吃过人,你还是别去了。"法显说:"我不远万里,发誓一定要去耆崛山,我无所畏惧,绝不能使多年的辛苦努力白费,眼看就要到达目的地了,不能放弃。虽有艰难险阻,我绝不害怕!"众人不能劝止,只好派两个僧人去送他。法显来到耆崛山,天色已近黄昏,欲在山上过夜,两个僧人害怕,便丢下法显回寺院去了。法显独自留在山中,烧香礼拜,心里感念释迦牟尼事迹,就好像看到其威严容仪一样。到了夜里果然出现了3只黑狮子,蹲在法显面前,张牙舞爪。法显咒道:"你们如果想害我,先等我念完经；如果是想考验我，我根本就不怕。"于是他一心念佛，不停地念经。过了很久，黑狮子无趣地离开了。

第二天早上法显下山，山路崎岖，只有一条羊肠小道可以通行，向前走了将近500米路，遇到一个和尚，年约九十，容貌、服饰都很古朴，但精神矍铄，不同一般人。法显虽然也感觉到他的神韵高远，可还没有悟出他就是神人。后又遇到一个年轻僧人，法显问："刚才那个老者是谁？"回答说："他是迦叶（释迦牟尼十大弟子之一）的大弟子。"法显感到遗憾错过，赶快追到山前，有块大石头堵住室门，法显进不去，只好流着泪离去了。

法显在印度13年，足迹遍布南亚。此后沿印度半岛东海岸下至印度南部，经狮子国（今锡兰岛）、耶婆提（今苏门答腊），绕行南海、东海，漂流到青岛崂山登陆，前后历时13年又4个月之久。一路上历尽千辛万苦，同行的人，中途逃离的逃离，死亡的死亡，最后只有法显一人携带大量佛教经律回到祖国。法显冒着生命危险，跋涉于人迹罕至的沙漠和高山地区，前后共经历30多个国家。他是我国最早遍游印度并由海路回国的第一人，那时他已经是将近80岁的高龄了。在中国1000多年的西行取经求法史上，以如此高龄兼走陆路与水路，除法显外，再没有第二人。

回国后，法显以自己亲身经历写成《佛国记》（又称《法显传》或《历游天竺记传》《佛游天竺记》等）一书。《佛国记》以其优美简洁的文字记述了中亚和印度等地的地理、风俗人情、历史、佛教等情况。其中有许多关于当时域外地理的新认识、新纪录。法显的这次旅行和带回的地理见闻，丰富了当时我国对中亚、南亚地区的地理认识。《佛国记》一书，成为我国历史上最早的一部实地考察外国的地理专著。

魏晋南北朝时期是中国古代描述地理学发展的一个高峰时期，这一时期的《佛国记》，不仅提供了南亚次大陆的地理分区，而且法显在旅行中非常关注各地区之间的距离，同时还注意辨别方向，确定高低，并以不同的量度对其进行了测量。此外，它对于南亚次大陆地区地名的保存也做出了重大贡献。如关于于阗、葱岭至北印度一带的地理描述，法显在《佛国记》中写道："其国当葱岭之中，自葱岭已前，草木果实皆异，唯竹及安石留、甘蔗三物与汉地同耳。"此外，还比较详细地记述了帕米尔高原及印度河上游地区的地理形势、河流、物产等知识。

对于锡兰岛（今斯里兰卡，当时为狮子国），准确描述了锡兰岛与周围的岛屿分布，以及岛上的气候特点、景观状况和农业生产习俗，给人以清晰的热带国家印象。

《佛国记》一书详细地记载了法显所游历30多国的山川地势、地理风俗、物产气候、宗教信仰、佛教胜迹、政治经济、社会制度、语言文字等状况，内容十分丰富。全书行文态度严谨，质朴流畅，感情真挚，所写都是根据亲身经历事实，今天读来，仍觉得有十分生动、壮观的地理风光跃然纸上，不愧为千古绝唱般的地理佳作！

法显西行求法的时间早、成就大，其涉足地理范围极广，所写的《佛国记》记载详尽完备，指导价值尤大。尤其是其中许多有关印度、斯里兰卡及于阗、龟兹等地的翔实珍贵的地理史料，是研究印度古代史特别是笈多王朝盛世的重要典籍，为中外历史地理学家所广泛引用。

《佛国记》的意义远远超出了佛教的范围，是研究佛教史、中亚史、南亚史、中外关系史以及历史、地理学必不可少的著作。因此，《佛国记》不仅是中国文化的宝贵遗产，也是世界文化的宝贵遗产。

《佛国记》受到东西方许多学者的重视和研究，故外文译本甚多。特别是19世纪以来，《佛国记》以其重要的佛学价值和近代学术研究价值，引起了世界各地学者的极大兴趣，不断有新的多种文字的译本出版。1863年，法国学者阿贝尔·雷米萨翻译的法文版《法显传》在法国出版。1869年，英国学者萨缪·比尔又将《法显传》

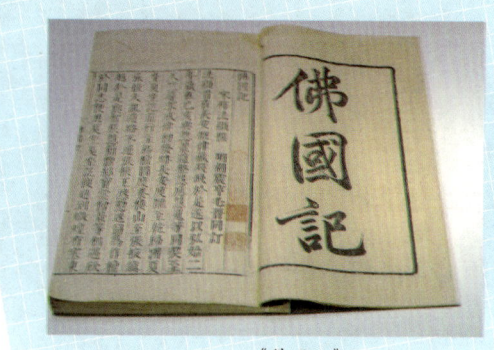

《佛国记》

译成英文在伦敦出版。1886年,《法显传》的另一个英文译本由詹姆斯·莱治翻译出版。西方由此知道了法显的名字。

这个时期,欧洲的学者一致对《法显传》产生兴趣,并非偶然。欧洲学者,尤其是英国和法国的学者,为了研究印度和中亚的历史、考古、地理以及宗教等诸多问题,多方面地搜集资料。他们突然发现,在中国古代的文献中,原来有这样丰富细致、翔实明确的记载,真是如获至宝。因此,他们花了很大的精力来研究和翻译这些著作。这些著作中,包括《法显传》《大唐西域记》《大唐西域求法高僧传》《南海寄归内法传》等一批中国求法僧人的书。

1935年在东京出版了日本学者足立喜六写的《〈法显传〉考证》,1940年再版时改称《法显传:中亚·印度·南海纪行研究の研究》。此书对《法显传》的内容做了详细的考证注解,并附以地图多幅。

法显和他的《佛国记》为人类社会做出了重大贡献。

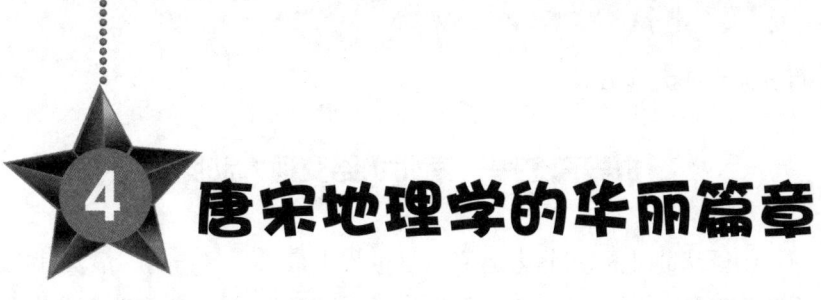

4 唐宋地理学的华丽篇章

唐、宋两朝是中国封建经济和文化高度繁荣的时期，也是我国地理学认知和传统地理著作的一个重要发展时期。无论是一些地理学认知，还是地理著作的数量、体例，都有了长足的发展，并且取得了十分重大的成就。

唐朝为我国历史上最为鼎盛的时期，国际交往十分频繁，地理实践最为丰富，不仅陆路与西部各国有文化经济交流，海上交通也十分发达。唐朝的远洋船舶以船身巨大而坚固、航海技术纯熟而闻名于世，往返于国际贸易的阿拉伯商人都乘坐中国船。《新唐书·地理志》记载的"广州通海夷图"，详细记载了从中国到波斯湾的海上航程，足见当时地理视野之广阔。对北部的情况，《新唐书·回鹘传》中有"其地北距海，去京师最远，又北度海则昼长夜短，日入烹羊胛，东方已明，盖近日出处也"，所记之海即指贝加尔湖，"日入烹羊胛""日明熟"所记昼长夜短的程度，已是远离贝加尔湖的北极圈附近了。

北宋的王存（1023—1101），润州丹阳（今江苏省镇江市）人，他和曾肇、李德刍编修的《元丰九域志》，是一部由图经演变为地志的代表作。沈括撰写的《梦溪笔谈》中有不少地理学方面的内容，特别是他发现了地磁偏角，论述了侵蚀与堆积及其因果关系，解释了山地和平原的成因以及海陆变迁，绘制了立体地图等。这些地理学上的创见比西方早了几百年。

宋朝的罗盘用于航海，海上交通贸易更为发达：与日本之间的航线甚为频繁，几乎没有间断过；南洋、印度以西的航线也极为发达。周去非和赵汝适搜集当时地理资料分别写成《岭外代答》和《诸蕃志》，其范围涉及南海、东南亚、南洋群岛、南亚、西亚、非洲和西班牙等广大地域。

世界奇迹——南北水路交通大动脉

中国大地上的南北大运河，是世界上最长、最古老、最宏伟的水路交通大动脉，并且至今仍发挥着重要的运输、灌溉功能，堪称世界奇迹。

南北大运河在中国历史上曾有过三次较大的开凿工程。

第一次是春秋末期，吴国于公元前486年在今江苏省扬州市附近修建了一条沟通长江与淮河的人工河道，叫作"邗沟"。这是南北大运河最早的部分，长达150千米。

第二次开凿工程是在隋炀帝时期。为了巩固隋王朝对全国的统治，尤其是为加强对南方地区的政治、经济控制，便于江南财物向洛阳和长安运输，加强南北交通，以及满足隋炀帝乘船到南方游乐的欲望，隋炀帝利用已有的经济实力，征发几百万人，从605—610年，花费6年时间，在疏通扩大"邗沟"的同时，分别开凿了从洛阳至山阳（今江苏省淮安市）的通济渠；从通济渠延伸到北接涿郡（今北京市）、南连黄河的永济渠；从京口（今江苏省镇江市）直到余杭（今浙江省杭州市）的江南河。这几段运河衔接起来，便完成了大运河的全部工程。隋朝的大运河，史称"南北大运河"。它北起今天的北京，南至杭州，沟通了海河、黄河、淮河、长江和钱塘江五大水系，全长2 700多千米，水面宽30～70米，是古今中外历史上最长的纵贯南北的大运河。它的开通，大大促进了我国南北经济的交流，加强了南北交通以及南北政治、经济和文化的联系，对维护国家统一，以及推动经济发展都起到了积极作用。但消极的一面则是给人民带来了沉重苦难，激化了社会矛盾。

第三次开凿大运河的工程，是在元朝。隋朝南北大运河在海河和淮河中间的一段，是以洛阳为中心向东北和东南伸展的，从地图上看，绕了一个大弧形。元朝定都大都（今北京市）后，要从江浙一带运粮到大都。为了从杭州直达北京，避免绕道洛阳，又进行了运河的修整。这次挖掘了从山东临清至江苏淮阴的济州河，以及从北京经通县到天津的北运河。这两段运河与隋朝的大运河相连接，裁弯取直，不再绕道洛阳，由杭州直达北京，史称"京杭大运河"。京杭大运河全长 1 794 千米，比南北大运河缩短了 900 多千米。现在我们所说的大运河，一般是指京杭大运河，这与南北大运河并不是一回事。如果说到最长的运河，当然还是南北大运河。

目前国外著名的大运河有苏伊士运河、巴拿马运河等，它们的长度都比我国的南北大运河短得多，而且开凿的时间也都比南北大运河要晚 1000 多年。

隋朝南北大运河和元朝京杭大运河的开凿，显示了我国古代水利工程技术的卓越成就。开凿规模如此宏大的运河，首先要进行大范围的地形测量，这需要相当高的测量技术。而且，还要挖掘穿越高岗的越岭运河。由于越岭运河沿线地形变化较大，需要修建一系列船闸来节制水流，调整水位，提高航深，改善航行条件。诸如此类水利工程技术方面的困难，都被我国古代劳动人民征服了。

南北大运河的开通，有力地促进了我国古代南北经济、文化的交流，尤其是对"南粮北运"起到了非常重要的作用，成为陆地上最重要的贯穿南北的交通大动脉。近代，由于铁路运输和海路运输的兴起，大运河渐被淤塞、废弃。

新中国成立后，国家对大运河进行了维修治理，运河已分段通航；同时，沿河又修建了一些灌溉工程。古老的运河，在今天的社会主义建设中继续发挥着重要作用。

知识链接

苏伊士运河、巴拿马运河是世界上最具战略意义的两条人工水道。

苏伊士运河（Suez Canal），位于埃及西奈半岛西侧，横跨苏伊士地峡，处于地中海侧的塞德港和红海苏伊士湾侧的苏伊士两座城市之间，全长约 163 千米，河面平均宽度 135 米，平均深度 13 米。

苏伊士运河于 1859 年开凿，1869 年竣工，是全球仅次于中国京杭大运河的无船闸运河。

苏伊士运河扼欧、亚、非三洲交通要道，沟通红海与地中海，使大西洋、地中海与印度洋连接起来，大大缩短了东西方航程。与绕道非洲好望角相比，从欧洲大西洋沿岸各国到印度洋缩短了 5 500～8 009 千米；从地中海各国到印度洋缩短了 8 000～10 000 千米；对黑海沿岸来说，则缩短了 12 000 千米，它是一条在国际航运中具有重要战略意义的水道。

巴拿马运河（英语：Panama Canal；西班牙语：Canal de Panama），位于中美洲国家巴拿马，横穿巴拿马地峡，连接太平洋和大西洋，是重要的航运要道，被誉为世界七大工程奇迹之一的"世界桥梁"。巴拿马运河由巴拿马拥有和管理，属于水闸式运河。

巴拿马运河可分为如下两个建造过程。

一是，法国人建造过程：当时，建造苏伊士运河的负责人，法国的斐迪南·德·雷赛布（Ferdinand de Lesseps）于1879年组织了巴拿马洋际运河环球公司。当时他已年届74岁。1880年1月1日，巴拿马运河开始动工。但由于忽略了众多因素，工程进度严重落后，迫使法国人于1889年2月4日宣布放弃这个计划，巴拿马洋际运河环球公司宣布破产。1904年，美国买下了该公司的资产。

二是，美国人建造过程：在3个总工的努力下，于1913年10月10日由当时的美国总统伍德罗·威尔逊亲自启动大坝闸门，宣布运河竣工。

综上所述：巴拿马运河于1880年1月1日开凿，直到1913年10月10日正式竣工，再于1914年8月15日正式通航。

巴拿马运河是南北美洲具有重要战略意义的人工水道。行驶于美国东西海岸之间的船只，原先不得不绕道南美洲的合恩角（Cape Horn），使用巴拿马运河后可缩短航程约15 000 千米。由北美洲的一侧海岸至另一侧的南美洲港口也可节省航程多达6 500 千米。航行于欧洲与东亚或澳大利亚之间的船只经由该运河也可减少航程3 700 千米。巴拿马运河在战略上扼守南北美洲的咽喉，沟通大西洋和太平洋，是海军舰队过洋必经之地；在经济上，是北美与南美经济交流的枢纽，促进了巴西、阿根廷与美国、墨西哥的贸易往来；在交通上，是沟通太平洋和大西洋的重要航运要道，连接南北美洲。

巴拿马运河全长81.3千米，水深13～15米不等，河宽150～304米。整个运河的水位高出两大洋26米，设有6座船闸。船舶通过运河一般需要9个小时，可以通航76 000吨级的轮船。

巴拿马运河也是北美洲和南美洲的分界线。

《西游记》和《大唐西域记》

《西游记》的故事，在我国几乎是家喻户晓，人们都知道有一位唐朝高僧——唐僧，为了去西天取经，在孙悟空、猪八戒、沙和尚、白龙马等的帮助下，历尽千辛万苦到达了西方佛国世界，取得了如来真经。大家都知道，这是作家编出来的神话故事。

其实，唐僧确有其人，去西天取经也确有其事，历经千难万险也是事实。这就是唐朝著名佛学家、翻译家和旅行家玄奘的故事。《西游记》就是在他和其他僧人去印度求经的艰苦历程和见闻的基础上，经过后人的不断加工、演绎和神化而成的小说。不过,真实的唐僧可不是《西游记》中那位胆怯懦弱、人妖不分、是非难辨的糊涂和尚,而是一位精通佛法、虔心求学、胆识过人、大智大勇的高僧。

《西游记》

玄奘(602—664),原姓陈,名祎,洛州缑氏县(今河南省偃师县)人。13岁时随二哥陈素做了洛阳净土寺的僧人。

玄奘从小就显示了吃苦耐劳、意志坚定的品格。在净土寺时,他每天清晨都要担水、洒扫,做过早课后要去寺后很远的市镇上购买日常用品,晚上还要诵经到深夜。有一天,他发现,别的小和尚有时也会下山去购物,不过他们去的是寺前的市镇,路途平坦,距离也近。于是,玄奘问方丈:"为什么别人都比我轻松呢?"方丈只是微笑不语。第二天中午,当玄奘扛着一袋米从后山走回来时,方丈把他带到寺的前门。直到傍晚时分,前面小路上才走来几个小和尚。方丈问他们:"你们一大早去买盐,路这么近,又这么平坦,怎么回来得这么晚呢?"其中一个小和尚说:"方丈,我们一路上说说笑笑,看看风景,就到这个时候了。"另一个小和尚说:"以前也是这样的呀!"方丈回过头问身边的玄奘说:"寺后的市镇那么远,你又扛那么重的东西,为什么回来得早呢?"玄奘回答:"因为肩上的东西重,我必须多加小心,而每天在路上都想着早去早回,所以走得快,走得稳。十年之后,我已养成了习惯——心里只有目标,没有道路远近、好坏。"方丈听了十分高兴,表扬玄奘说:"道路平坦了,心反而不在目标上了。只有在坎坷的道路上行走,才能磨炼一个人的心志啊!"可见玄奘从小就养成了优良的品性,为以后艰苦的西天取经奠定了坚实的基础。

玄奘译经图

玄奘长大后,云游成都、长安等地,小有名

气。在认真刻苦研习佛理后,他发现流传在中国的佛教经典矛盾重重,难以解释清楚很多重大问题。为了获取佛教真义,他决定亲往佛教发源地天竺(今印度)寻求真经。

629年秋,27岁的玄奘离开唐都长安,开始了艰苦卓绝的西游历程。他向西经河西走廊的武威、张掖等地,出玉门关,穿过变幻莫测的沙漠地带、危险峻峭的冰川区等,终于到达印度。在当时最著名的佛教中心那烂陀寺等处学习多年,后又遍历印度各地。归途越葱岭后改走南路,经佉沙(今喀什)、瞿萨旦那(今和田)、敦煌、瓜州而回长安。用了18年的时间,途经中亚、南亚110多个国家,行程2.5万余千米。

643年,玄奘满载荣誉和佛教经典动身回国,到京城长安时,受到朝廷隆重欢迎。唐太宗亲自召见慰勉,并让他住进皇寺大慈恩寺进行佛经翻译,又在长安城中心大街朱雀大街为玄奘带回的佛教经典举办了文物展览。一时,唐僧玄奘之名弘扬各地。后来他在长安翻译佛经达1 300万字,共计75部,1 335卷。

由玄奘口述其弟子辩机撰文而写成的《大唐西域记》(12卷)一书,全面介绍了他游历印度18年中所经历的110国,由传闻而知的28国的山川地理、都城、气候、地形、水利、物产、交通,以及风俗习惯等自然地理及政治经济信息等,至今仍是学者研究7世纪中亚、印度历史的重要参考文献,为后人留下了丰富的地理信息。

玄奘及其《大唐西域记》在我国地理学发展史上的地位,就在于他记述了我国人民对7世纪时中亚和南亚等地的地理新认识,他比过去任何时候的认识都要深入、详确,是当时人们地理视野扩展的一个新标志。

对于印度的地理认识,在唐以前的有关史书都有不少提及,法显的《佛国记》也有相当的记述,但由于了解范围及篇幅所限,对印度各地的地理认识记述得都比较粗浅。到唐玄奘时,由于他在印度居留10多年,又遍游各地,所以,他的认识比过去大有进步。《大唐西域记》一书不仅分章记述各国(地区)的地理、人文情况,而且列专卷集中论述整个印度的疆域、文字、岁时、赋税、物产、地

知识链接

唐僧玄奘的故事

（一）

玄奘离开长安前往印度，艰难地跋涉在西域的雪山荒漠中。一天，他遇到一个猎户，名叫石磐陀。当他得知玄奘要远赴印度求法，心中十分敬仰，发誓要做玄奘的弟子，随师父前往印度。

然而，经过十多天的日夜兼程，石磐陀感到前途遥远、艰险、九死一生，顿时失去信心，竟产生了杀师叛逃的恶念。

一日，玄奘正在屋内闭目盘膝而坐，进行修炼，石磐陀突然拔出尖刀，向他逼近。玄奘听到动静，微睁眼睛见石磐陀目露凶光，知道此人已经动了杀心。此时此刻，无论是大声斥责，还是乞求饶命，均无济于事。于是玄奘仍继续闭目盘膝静坐着。看到这样，石磐陀有点心虚，竟不敢下手，徘徊良久终于还刀入鞘，悄悄退出。

过了一会儿，玄奘叫来石磐陀，对他说："你心存恶念，已经不适合再跟着我了，我没有你这样的弟子，你快回家和妻儿团聚吧。"

面对玄奘法师的宽容大度，石磐陀无地自容，惭愧而去。

（二）

玄奘法师经过两年多的艰险旅程，终于到达印度，拜在著名的那烂陀寺（古代印度佛教的最高学府和学术中心）百岁高僧戒贤法师（约528—651）门下，刻苦研佛法。数年间精通了佛教圣典中的经藏、律藏、论藏，因此被尊称为"三藏法师"。但也由此招来了一些印度僧人的嫉妒。

有一天，一名婆罗门（婆罗门是印度种姓制度中的最高种姓，即祭司）僧人自以为学问高深，没人可以比得上，于是就在那烂陀寺门前贴出了50条疑难佛教经义，自称如果任何人能够破解得出其中的一条，就立马将自己的头颅砍下。

那烂陀寺中的众僧听说了，纷纷前往观看，虽说心里不服，但真的就是没人能破解得出其中的任何一条。于是众僧纷纷求助于玄奘，玄奘却淡淡地说："都是出家人，应该淡泊世事，何必好勇斗狠呢？"于是一连三天不出寺院。

到了第四天早上，玄奘刚刚走到寺院门前，就被那婆罗门僧人拦住。那婆罗门僧人骂道："玄奘，你居然连一条佛教经义都破解不出来，还学什么呀，滚回大唐去吧！"

玄奘摇头叹息道："身为出家人，怎么如此傲慢、粗暴无礼。这50条佛教经义，我怎么会解不出来呢？"说完，玄奘随口逐条讲解佛教经义，众人听了玄奘高明智慧的讲解，受到很大启发，都十分高兴。只见此时婆罗门僧人面如土色，再无半点傲气，为了履行誓言，只得拔剑准备自刎。玄奘连忙制止道："你拼命求学，学有所成，实在难得，说过的话又何必当真呢？"婆罗门僧人当即拜倒在地，拜玄奘为师。

不久，玄奘听说那婆罗门僧人会讲解《论胜》这部佛教经典，于是便请他为自己讲解。婆罗门僧人惊异地说："我是弟子，怎敢给师父讲经？"玄奘回答："那部典籍我没有学过，既然你精通，我就应该向你求教。"

待到那婆罗门僧人讲解完毕后，玄奘对他说："以前我是你的师父，现在你给我讲经，又是我的师父，咱们还是不要以师徒而论，平起平坐地研究佛法吧。"

经过这些事情，全寺众僧无不敬佩玄奘知识的渊博和心胸的大度。

理大势等情况，甚至是当时印度人对外部世界的地理观念都有记述。如书中在叙述印度半岛的地理大势时说到当时印度分为 5 部分 70 多国，并正确指出了印度半岛的北部宽广、南部狭窄的疆土形状，以及半岛上的气候特征和南、北、东、西的自然景观特点。再如关于阿耆尼国的记述，也是古代最详细的文字记录之一，虽然仅用 100 多字，就清楚地介绍了阿耆尼国的面积、都城、地形、水利、物产、气候、服饰、货币、政治、宗教以及交通位置。这比过去的资料都要翔实。

到了明朝，小说家吴承恩以玄奘西行取经为基础，完成浪漫主义文学巨著《西游记》。这部小说成为中国古典四大名著之一，后被译成几十国文字，改编成电影、动漫的更是不计其数，唐僧玄奘的名字，可谓世界上妇孺皆知。

神秘子午线的世界首测

子午线也称经线，是人类为度量方便、科学研究而假设出来的辅助线。地球上经过地轴的平面与地表相交而成的大圆称为经线圈，经线圈被南北两极点分成的半圆称为经线。

古代希腊天文、地理学家埃拉托色尼（公元前 273—前 192）在测算地球周长时，曾估算过子午线的弧长（1°约为 110.25 千米），但这不是实测的结果。世界上第一次进行子午线长度实测的，是我国唐朝的一行和尚在 724 年进行的大地测量。

一行（683—727），本名张遂，唐魏州昌乐（今河南省南乐县）人。他自幼刻苦好学，博览天文、历象、阴阳五行等书，对天文历象很有研究，青年时期就以学识渊博而闻名首都长安。在武则天当政时，为了躲避权贵武三思（武则天的侄子）的拉拢，离开京城逃往嵩山，削发为僧，取名一行，史称僧一行，不久即成为佛教密宗的领袖。唐玄宗即位以后，于开元初强招他来京城长安担任天文方面的工作——主持编制新历法、制造天文仪器和从事大地测量。

中国古代天文学家早就知道越往南，日影长度越短，越往北日影长度越长。但中国没有形成大地是球形的明确观念,也没有实际测量日影长短差与距离的准确比例,只是在大地是平面的假设前提下推得一个结论:"南北相距千里,日影长度相差一寸"。也即是说,在同一经线上的南北两个地方,在夏至这一天的中午,测得的日影长度相差一寸(3.33厘米),两地就相距一千里(500千米)远。

到了南朝,天文学家何承天(370—447)开始对此产生怀疑。到隋朝初年,天文学家刘焯(544—610)第一个对此谬论提出异议,力主实测地球子午线。他向隋炀帝建议,由国家组织一次大规模的天文大地测量,具体内容是在黄河南北的平原地区,于二至(夏至、冬至)、二分(春分、秋分)时,以准确的方位、时间和水平,同时在各个观测点测量日影长度,验证日影长度和地理纬度之间的定量关系。但可惜的是这一建议未能付诸实行。

到了唐朝,由于按原来的历法预报日食发生了较大误差,唐玄宗下令制定更完善的历法。724年,由僧一行主持,天文学家、太史监南宫说等人参加,进行了涉及全国各地10多处基点的历史上第一次天文大地测量工作。僧一行决心通过实地测量来纠正原来历法的错讹之处。

僧一行选择的测量点南起林邑(位于今越南中部,约为18°N)、北到铁勒(今属内蒙古,51°N),遍及安南都护府(位于今越南)、朗州武陵县(今湖南省常德市)、襄州(今湖北省襄阳市)、蔡州上蔡武津馆(今河南省汝南县)、许州扶沟(今河南省扶沟县)、汴州浚仪太岳台(今河南省浚县)、滑州白马(今河南省滑县)、太原府(今山西省太原市)、蔚州横野军(今河北省蔚县)、阳城(今河南省登封市告城镇)、洛阳(今河南省洛阳市)等地。使用的仪器、实施的方法、测量的内容,都在僧一行领导下统一进行审定。

僧一行

在各个测点，除了用传统的圭表测量两至、两分的正午日影长度，以及各地的漏刻分差以外，还测量了各点的北天极（北极）的高度（当时的地理纬度）。测量北极高度使用的仪器、运用的原理和方法，均为僧一行首创。僧一行研制了"复矩"，只要用直角尺的一边指向北极，另一条边与悬于直角顶点的铅垂悬线间形成的夹角角度，就是北极的地平高度。整个测量工作于第二年完成。

在这次测量中，以南宫说率领的测量队最为重要。南宫说在黄河两岸的白马（今河南省滑县）、浚仪（今河南省开封市西北）、扶沟（今河南省扶沟县）、上蔡（今河南省上蔡县）设了四个观测点。僧一行从南宫说等人测量的大量数据中，通过计算，得出了结果：北极高度相差1°，南北距离就相差351里80步。这就是子午线1°的长度。唐开元时，5尺（约1.67米）为1步，300步为1里（约500米）。351里80步折合今制为131.3千米；现代科技算出的子午线1°为111.2千米；两者相比，误差为20千米。但这是世界上第一次测量子午线的记录，是一项浩大的系统工程，方法先进，成果显著，具有极其宝贵的科学价值，为以后大地测量天文学的建立奠定了基础。中外科学史家对僧一行的这种首创精神，给予了很高的评价。

僧一行的子午线测量因为是世界上最早进行的子午线长度实测，比世界上著名的阿拉伯天文学家阿尔·花剌子模（约783—850）等人于814年在幼发拉底河（全长约2 800千米，西南亚最大河流，发源于土耳其亚美尼亚高原。大体上流向东南，穿过叙利亚和伊拉克南部，与底格里斯河汇合而成阿拉伯河，注入波斯湾）地区的科学测量（他们的结果是：子午线1°长约111.815千米）还要早90年。而且僧一行的子午线测量在当时就纠正了我国历史上传统的"日影千里差一寸"的错误观点。同时，僧一行他们是最早将地理纬度测量和距离结合起来的。

美中不足的是，当时的测量主要是为编写历法服务，而未能将这一成果推广到地图制作中，也没有使它传播普及，未起到应有的革新作用。

中国科学史的里程碑——《梦溪笔谈》

沈括（1031—1095），字存中，北宋钱塘（今浙江省杭州市）人，我国古代一位百科全书式的著名科学家，在各个方面都有新的贡献。他撰写了综合科学著作《梦溪笔谈》，其中有很多是关于自然地理方面的论述，反映了他的主要地理思想和贡献。

《梦溪笔谈》是以笔记体裁形式写成的科学典籍，全书总计30卷，分成17类，609条，10多万字。内容广泛，涉及天文、历法、气象、数学、地质、地理、物理、化学、医药、生物、建筑、冶金、文学、史学、音乐、艺术、财政及经济等领域。其中关于天文、历法、数学、物理、地质、化学、药物的部分，反映了当时最先进的科学成就。

《梦溪笔谈》在我国科学技术史上占有极其重要的地位，这主要有两个方面的原因：首先，它记录了沈括本人的科学研究，对当时许多的科学和技术问题提出了独到见解，大大推进了我国古代科学技术的发展；其次，它介绍了同时代人和前辈的科学研究与技术发明，保留了大量的珍贵资料。我们今天对中国古代科学技术的了解，在很大程度上要归功于沈括。如毕昇发明的活字印刷、喻皓的木结构建筑技术、水利专家高超等的发明创造，都是由于沈括的记载，才得以流传后世。可以说《梦溪笔谈》是一部集前朝科学成就之大成的光辉巨著。因此，备受中外学者的高度评价和推崇，英国学者李约瑟在其著作《中国科学技术史》中认为沈括"是中国整个科学史中最卓越的人物"，《梦溪笔谈》是"中国科学史的里程碑"。沈括及其所著《梦溪笔谈》在世界科学史上都享有很高的声誉。

沈 括

《梦溪笔谈》也代表了宋朝地理观察的最高水平。这部科学著作充分表示了实地考察地理现象以及先进地理学思想和正确的科学观念。沈括以其丰富的阅历和精细的实地考察，撰写了 30 多项涉及地理学的内容，为研究宋朝地理提供了宝贵的史料。沈括观察地理、记录地理现象，并不停留在单纯描述性记载，而是从地理学角度进行解释性描述、阐述其科学思想。这表明作者的地理认识已从感性上升到了理性。沈括对不少地理现象的成因推断，都符合现代地理学原理和思想，富有很高的地理学价值。例如，他提出的"流水侵蚀地貌"观点，比英国的赫顿在《地球理论》一书中提出的同样观点早约 700 年。

《梦溪笔谈》有关地理学和地质学的研究内容丰富，具有很高的科学价值。这部分内容主要得益于他早年为官执行公务时的细心观察，多以游记形式成篇，绘声绘色，读之引人入胜，具有较强的感染力，比如《雁荡山记》，多次入选各类文选和教材，被广为流传。《梦溪笔谈》最早研究了古生物化石，对河北平原和雁荡山及西北黄土地带特殊地貌的形成做出了科学的说明。

《梦溪笔谈》最早记载了石油的用途和性质。沈括出使延州（今陕西省延安市）时考察了当地人民采集石油的情况，亲自用其燃放的浓烟做墨，并由此断言此物后世将被广为应用。前人把这种物质称作"石液"或"石漆"，沈括将其命名为"石油"。我们今天广泛使用的"石油"这个概念，就是当年沈括提出的。

沈括在地理学研究方面的另一个成就是地理模型的制造。他创造了一种方法，用面糊调和木屑和熔蜡作为材料，制成地形模型，后又加以改进，用木料制成立体模型地图。我们现在所熟悉的地形模型，与沈括发明的这种模型有惊人的相似之处。

沈括还创制了大比例尺用以绘制地图。沈括用这种方法，在地图上将 100 里（50 千米）缩成 2 寸（约 6.67 厘米），绘成一部当时的全国地图集——《天下州县图》（又称《守令图》）。我们今天使用的地图，除了测量地形的仪器更精确和利用经纬线以外，其基本原理与沈括的方法没什么不同。

沈括的地理思想，主要表现在他对许多自然地理现象的科学观察和正确解释。在气候方面，他指出了气候的水平和垂直分布规律，他说南岭的小草冬天不凋而山西的大树秋则落叶，闽粤沿海桃李冬天可以结果实，北方沙漠地区却只有夏天才可结果，这完全是温度的地理分布之故。这说出了地域分异规律的大势，在近千年以前的宋朝是很不简单的。

沈括还正确解释了白居易的"人间四月芳菲尽，山寺桃花始盛开"，因为山上的寺庙大都是在海拔较高的大山深处，所以气候条件和平地不一样，才会出现这种"气象滞后"的现象，由此指出了气温随高度降低的规律，海拔越高，气温越低。在自然环境变迁方面，他根据化石解释了沧海桑田的变化，科学精辟地论证了华北大平原是一个冲积平原，他是我国第一位提出这种理论的人。

沈括还创立了分层筑堰水测法，实测了自京城汴梁（今开封市）上善门至泗州（今江苏省盱眙县）入淮口长约420.02千米的汴河河道高差等。

《梦溪笔谈》具有世界性影响。日本早在19世纪中叶就排印了这部名著，20世纪，法、德、英、美、意等国家都有学者、汉学家对《梦溪笔谈》进行系统而又深入的研究，而在这之前，早有英语、法语、意大利语、德语等各种语言的翻译本。

《梦溪笔谈》

总而言之，沈括在我国地理学史上，是一位十分重要的学者。他的许多地理见解和实践，不仅在我国，就是在世界科学史上也都是少见的，具有特殊意义。

地理文化的一朵奇葩

唐宋地理文化的一朵奇葩，就是唐宋地理总志的繁荣。

中国古代地理学的最大特点就是重视沿革地理传统的形成和发展。而这一特点的体现，则主要表现在沿革地理著作的众多和属于这一体系的地理志、地方志的源远流长,数量庞大。

地志(地理志、地方志)在我国起源很早,上自先秦下迄明清,绵延不断。据统计,见于著录的就有8 000多种。涉及全国总志、省志、府志、州志、县志、镇志,以及山川湖泊等专志。地理志是一种记录某地区有关人文地理、自然地理的综合性区域地理著作;地方志则是一种将历史、人文、地理等情况包罗在一起的区域史地著作,它是在区域地理志与地方史两种著作体裁的相互渗透交融中逐渐发展而来的。

在地志记述内容、体例的完备规范化上,唐宋时期是一个关键时期。在这一时期的大量地志撰写中,人们逐渐确立了它的写作规范,并给后世以极大影响。唐宋时期正是以沿革地理学为主要特点,中国古代地理传统的形成与发展时期。

沿革地理学,是以注重行政疆域沿革演变为特征的地理学。是我国古代地理学的主要组成部分和传统。《汉书·地理志》及当时一些相关方志的出现,标志着我国沿革地理学的建立,后经魏晋南北朝时期的发展,到唐宋时期,这一传统得到了很大的继承和发展,并出现了专门的沿革地理著作。如唐朝贾耽的《古今郡国县道四夷述》、宋朝吴澥的《历代疆域志》、杨湜的《春秋地谱》等。

唐宋时期我国地理总志的发展,在体例上基本规范化,在内容上既包括地理方面的资料,也收录人文、古迹等非地理的内容,而且逐渐趋向史传化,同时,几乎都将政区沿革作为记述的主要内容。

在唐宋全国地理总志中,除个别外,几乎都将政区沿革作为记述的重要内容,如《括地志》《元和郡县图志》《太平寰宇记》《舆地广记》等。

而以《括地志》《元和郡县志》《太平寰宇记》等为代表的唐宋时期地理总志取得了重大的进步,保存了丰富的历史资料,成为今天研究地理的珍贵文献,具有传世价值。它们在方志学、地理学发展史上起到了承前启后的历史地位和作用。

尤其是宋朝,随着活字印刷术的发明与造纸业的兴盛,为两宋时期的文化繁荣,提供了物质基础。地理学作为宋文化的一朵奇葩,获得了前所未有的发展，宋朝地理学出现了空前的繁荣兴盛，成就斐然，远远领先于同时期欧洲、阿拉伯和印度的水平。

在宋人的著述中，地方志占有很大比重。不管是全国性的地理总志或地方性的州、县等志都超过前朝。就地理总志而言，比较著名的有北宋乐史的《太平寰宇记》、王存的《元丰九域志》、欧阳忞的《舆地广记》、南宋王象之的《舆地纪胜》和祝穆的《方舆胜览》等。另外，一批地理考察游记类著作和江南府、州、县乃至镇的地方志书的编修也开始兴起，地理学进入全面繁荣的黄金时代。

中国地方志学虽然起源较早，但发展较为缓慢，在宋朝以前，真正意义上的地方志学著作寥若晨星。元、明、清时，虽然地理学几经波折后仍向前发展，但就地理总志的成就来说并没有超过宋朝。因此可以说，中国古代地方志学尤其是全国性地理总志，在宋朝达到了顶峰。

宋朝在地理学理论与实践上的探索，丰富和发展了中国传统科学的内容，拓宽了人们的知识和眼界，使历史地理学获得了充分的历史根据和理论依据，对后世研究历史地理学和整个地理科学的发展具有重要意义。

（1）《括地志》550卷，是唐初魏王李泰（619—653）主编的一部规模宏大的地理书，全面记录了唐朝初期贞观年间全国各政区的建置沿革、山川形势、河流湖泊、风俗物产、历史遗迹、地名渊源、历史人物掌故等，但偏重于建置沿革与地名渊源等记述，保留着浓厚的沿革地理学特征。《括地志》创立了一种新的地理书体裁，是我国古代地理总志由山川地记型向唐宋集志型地理志书过渡的重要文献，首先它为唐朝地理总志的编纂提供了一个可资参照的范式，为后来的《元和郡县图志》《太平寰宇记》开了先河。《括地志》还是一部重要的地理文献工具书，在唐宋时期曾被广泛引用，用来注疏众多古典文史名著。

（2）《元和郡县图志》是唐朝中期李吉甫（758—814）撰修的一部全国地理总志，成书于813年左右，距今已有1200多年，是我国现存最早的一部全国地理总志,是研究唐朝历史地理极为重要的文献。

在魏晋以来的地理总志中,《元和郡县图志》不但是保留下来最古老的一部,也是编写最好的一部。

《元和郡县图志》的内容非常丰富,作为一部讲述全国范围的地理总志,首先对政区地理沿革方面有比较系统的叙述。在每一县下都简叙沿革及县治迁徙、著名古迹等,还做了一些必要的考证,如在"长安"县下还有关于秦阿房宫、汉长乐宫、汉未央宫及秦始皇陵等遗址的记载,这对今天我们研究历史上的政区变化,考证一些名胜古迹遗址,都有重要参考价值。对于某些弄不清楚的问题,书中也并不是武断地下结论,而是抱着存疑的态度,反映了作者实事求是的科学态度。

《元和郡县图志》保存了大量丰富的历史地理资料,对唐朝全国各地的户口、地理沿革、物产、贡赋、古迹、山川形势、盐铁、垦田和军事设置等,都有一个简要的叙述。在编写体例方面,对宋朝乐史的《太平寰宇记》,元、明、清各朝的《一统志》都有很大影响。因此,人们盛赞《元和郡县图志》开创了我国地理总志的先河。

(3) 乐史 (930—1007) 的《太平寰宇记》是北宋初期一部著名的地理总志,长达200卷,卷帙浩博,采摭繁复,考据精核,所记地名之多也非其他地理著作所能相比。这部书广泛引用了历

《括地志辑校》

《元和郡县图志》

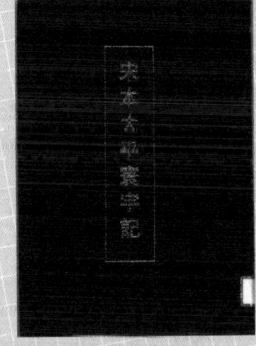
《宋本太平寰宇记》

《元丰九域志》

代史书、地志、文集、碑刻、诗赋以至仙佛杂记，计约200种，且多注明出处，保留了大量珍贵的史料。所记内容除了包括中原与边疆地区外，还远到今印度、伊朗、沙特阿拉伯甚至更远的地方。书中还加入一些人物传记等，内容比较庞杂。但也包括了唐朝甚至更早的一些古地志中的部分佚文，这是十分可贵的。

《太平寰宇记》继承了唐李吉甫《元和郡县图志》的体裁，又有所创新，增加了风俗、姓氏、人物等门类，这种以人文结合地理的方式被后世地志奉为典范，认为古代以来的地理书至此开始记载详细，体例也大变，对后世地志影响巨大。

（4）王存（1023—1101）的《元丰九域志》，10卷，北宋中期地理总志。全书举纲撮要，极为简明，卷帙仅为《太平寰宇记》的二十分之一。但内容丰富翔实，独具一格。书中除记载当时疆域政区外，又详细记载各地户数、土贡数额及城、镇、堡、寨、山岳、河泽的分布，据统计仅镇即达1 880余个，山岳、河泽亦各在1 000个以上，所设土贡一项，记述各地的贡品及数量，也极具经济地理价值。这些都是研究历史经济地理和历史自然地理的宝贵资料。其中所列土贡数额远较以往任何史书、地理总志为详，而所载镇名更为两宋其他地理总志中所未记载，保留了珍贵的历史地理资料。

在注释地理的治学方法上，王存开创性地应用了对地理史料进行校勘、考证、避讳、辨误等研究方法。这一方面使他的地理注纠正了前人的差误（考释结论），更近于事实，另一方面也标志着我国古代地理传统中考释方法的建立。到清朝考据学兴起时，这些方法便广泛应用在对古代地理著作的整理研究工作中。

总之，与其他地理志、地方志相比，王存的《元丰九域志》是传世的地志著作中注重当代地理记述的典范。它不仅在内容上可弥补《宋史·地理志》《太平寰宇记》的不足，更重要的是，在当时地理著述趋向史传、重视沿革的风尚下，它摆脱传统，独辟蹊径，开拓了一种重视当代山川、镇戍、户口等多项内容的"纯"地理著作体例。

（5）欧阳忞（生卒年不详）的《舆地广记》，38卷，北宋地理总志，是一部重要的历史地理学著作。该书从远古的尧、舜以来直到宋，对历代政区郡县建制沿革变化都做了叙述，并详细介绍了宋朝政区。在一些政区的记述后面还附记有"化外州"，即前朝州邑而在宋版图之外者，如燕云十六州之类。《舆地广记》记述历代地理沿革，要言不烦，条理清晰，内容完整，对后代编撰地理志产生了很大的影响。

（6）南宋王象之（1163—1230）的《舆地纪胜》以南宋统治区为限，主要节录当时大量地理书及郡县图经编纂而成，对各种方志，以及图经中的山川、景物、碑刻、诗咏，一概收录，而略于沿革，以符合"纪胜"的要求，舍弃了以往地志的户口、物产、贡赋等门类，而专注于人文内容。从文献价值方面看，《舆地纪胜》内容详赡，体例谨严，考证极其核洽，在地理总志的编纂体例上有诸多创新，在方志发展史和史料保存上均价值极高，是南宋最重要的全国性地理总志，对后世有较大影响。

（7）南宋祝穆（？—1255）的《方舆胜览》主要记载南宋临安府（今浙江省杭州市）及其辖下的浙西路、浙东路、江东路、江西路等十七路所属的府州等地的郡名、风俗、形胜、土产、山川、学馆、堂院、亭台、楼阁、轩榭、馆驿、桥梁、寺观、祠墓、古迹、名官、人物、题咏等，内容丰富全面，对于了解南宋时期江南各地的经济、文化、风俗、民情、山川、土产等有着极大的帮助。特别是对于各地名胜古迹及有关的诗赋序记，记载尤为详细。

《舆地广记》　　《方舆胜览》

（8）南宋周去非（生卒年不详）的《岭外代答校注》是一部专门叙述宋朝岭南地区（今两广一带）的社会政治、经济、军事、风土民情，以及物产资源、山川、古迹等情况，保留了许多正史中未备的社会经济史料。所记条分缕析，较以前记载岭南情况各书叙述为详，参考价值甚高，是研究岭南社会历史地理的重要文献。书中还记载了南洋诸国，并涉及大秦（土耳其）、大食（阿拉伯地区）、狗国（即阿留申群岛）、木兰皮（今南美洲巴塔哥尼亚高原地区）等诸国，反映了当时岭南地区与海外诸国的交通、贸易等情况。

《岭外代答校注》

全书内容丰富，对研究宋史及广西地方史而言都具有很高的史料价值；对南海、南亚、西亚、东非、北非等地古国及交通方面的记载，极其宝贵。

（9）南宋赵汝适（1170—1231）的《诸蕃志》，记载了东自日本、西至东非索马里、北非摩洛哥及地中海东岸中世纪诸国的风土物产，以及自中国沿海至海外各国的航线里程与所需时间，内容丰富而具体。全书史料价值极高，被公认为记载古代中外海上交通的地理著作，并常为后世的历史地理学家所引用。

《诸蕃志》

（10）南宋胡三省（1230—1302）所编《资治通鉴音注》，是公认的《资治通鉴》最佳注释者。《资治通鉴》是北宋初年司马光（1019—1086）主持编修的我国第一部编年体通史，上起周威烈王二十三年（公元前403），止于后周世宗显德六年（959）。全书294卷，目录和考异各30卷。该书规模宏大，影响深远，自它问世以来，为它作注的学者就很多，仅宋朝就有司马康、史炤、王应麟等。南宋胡三省也尽毕生精力注《资治通鉴》，完成《资治通鉴音注》一书。

胡三省的注，涉及职官、舆服、刑法、天文、历法、乐律、食

81

货、少数民族及周边国家等方面。而地理注几乎占全部注的四分之一，而且由于胡三省精于地理，所以他的注有如下两点特色。

① 在方法上，一是博考史籍，参酌印证；二是详于地理沿革，注意彼此联系，寻根求源，顺藤摸瓜。应该指出的是，胡注在广征博考的同时，还注意结合自己的实践，并参以前人的经验，这种重视实践的观点是十分可贵的。

② 有关地理注的内容分为两部分：一是，散见于《资治通鉴》正文下的注文，侧重于注释州县建置和地理沿革；二是，附载于《资治通鉴》全文之后的《辨误》12卷，专门纠正史上注释的错误。胡三省的地理注主要涉及以下几个方面的内容，即：注地名来源；注唐朝各州至二京（长安、洛阳）距离以及各州之间的距离；注州县沿革；注各古今州县辖境；注行政治所的迁移；注山川和气候等自然地理要素；注交通和水利；注名胜古迹。胡三省《资治通鉴》地理注还充分揭示了文献中地名文字讹误的系列因素：因同音字而致地名讹误；增减偏旁而致地名讹误或更换；字体及字形相近所致地名讹误；行款所致地名讹误等。另外，胡氏还指出了地名中存在的通假字现象以及地名得名的字形因素等。这些都为俗体字、讹误字研究以及不同时期、不同领域汉字使用度等的研究提供了重要的佐证材料。

创新测绘技术在地图上的应用

中国是四大文明古国之一，地图作为人们认识世界、改造世界，从事各种社会活动的工具，同其他文化一样有着悠久的历史。绘制地图成为历代王朝的国家事业，一直受到重视，颇为发达。而丰富多样的地图测绘实践，也成为中国古代地图学发展的第一推动力。学者们根据现有文献的研究表明，中国地图学至少在西汉就已经发展成型，并一直延续到清初。

我国古代地图的发展大体上经历了原始地图、古典地图和实测地图三个阶段，制图工艺不断提高，制图理论日趋完善，其间出现了许多著名的地图学家，极大地推动了我国古代地图的发展，在世界地图学史上做出了重大的贡献。

唐宋时期社会经济、水利、治河的发展和军事的需求，使地图学和地图绘制技术突飞猛进。从现有的资料看，宋朝的地图学比唐朝更为发达，除历代必绘的全国总图、外域图、边防图外，还出现了一些新型地图，如地理模型图、石刻平面图、城市规划图、经济地图等。这些新型地图，不仅反映了宋朝地图绘制理论及技术的创新与发展，而且把宋朝高度发达的地图绘制水平展现给了当今的人们。

（1）贾耽（729—805），为唐朝沧州南皮（今河北省南皮县）人，他以裴秀的"制图六体"为指导，编绘出《关中陇右及山南九州等图》以及一幅大地图《海内华夷图》等。由于《海内华夷图》图幅大，内容丰富、位置准确、绘制技术全面，不仅继承了裴秀理论，而且还有创新。

贾耽用"一寸折地百里"（1:1 500 000）的比例尺绘制了面积达111平方米的《海内华夷图》，同时还绘制了中国到朝鲜、河内、中亚、印度、巴格达的交通图。

宋朝最有名的是《华夷图》和《禹迹图》。《华夷图》称得上是一幅以我国为主的亚洲地图，对四邻国家的标示也很详细。《禹迹图》绘法精密，海岸、河流位置近于实际，与同时代的欧洲地图比起来，令科学史家惊叹不已。

（2）最为突出的是宋朝的石刻地图。《地理图》碑是现存宋朝碑刻地图之一，南宋绍熙元年（1190）黄裳绘制，南宋淳祐七年（1247）王致远刻石。《地理图》碑，是反映宋朝全国地理形势最全面的石刻地图，也是我国现存最早的全国性地理图碑。

《地理图》碑顶端篆刻"墬理图"三字，分地理图和图说两部分，图说为645字的注释，共36行，每行22字，书体为正书小楷，作者为黄裳。大致记述了中国自禹至宋的版图变迁，分析了我国历代政治地理的变迁情况，并为当时金兵南侵、国土破碎而伤怀。紧接图说末尾处，有王致远行书草跋，共47字。跋文记载了《地理图》

等的简要沿革及刻石原因。《地理图》碑高 2 米，宽 1.07 米，现存江苏省苏州市碑刻博物馆。

《地理图》绘图范围：北到黑龙江、长白山，西至玉门关，南到海南岛，东达中国近海。比例尺约为 1：2 500 000。绘制了我国海岸的轮廓，主要山岭 180 座、河流 78 条、湖泊 27 处、山隘 24 处的布局，以及长城和全国各级行政机构——路、府、州、军、监、县的位置，共有 22 路、34 府、32 州、44 军、1 监。所绘江、河、海岸的轮廓大体正确。图上山脉与现代地图上的自然描景法相似。山脉上如有森林，还绘有森林符号。所有的路、府、州、军、监名和山名均刻成阴字，套以方框，所有的水名皆用椭圆形圈标示，以资醒目。《地理图》非常重视各路首府的地位，将它们刻成阳文。图上标注名称的山脉共 120 多座，江河 60 多条（其中长江、黄河的发源地不清），行政区名约 410 个。

宋朝全国性地图传世数量较少，绘画如此详细的地理图，反映了距今 770 多年前我国绘制地图的技术水平，是一件具有高度历史价值的珍贵文物。

（3）《平江图》碑，则是南宋李寿明于 1229 年重建平江（今苏州市）坊市时所刻。图内绘有城郭、山川、街道、官署、庙宇、园林等，内容精细准确，是中国现存最早、最好的城市地图，也是研究宋朝城市规划的珍贵资料。

（4）北宋《九域守令图》碑，该地图绘于北宋宣和三年（1121），为中国现存最早以县为基层单位的全国行政区域图。图碑原置四川省荣县文庙的正殿后，1964 年被发现，现存四川博物馆。该碑正面是《九域守令图》，地图刻在碑的正面，图长 130 厘米，宽 100 厘米，标有东西南北 4 个方位。图的下方是 409 个字的题记，碑记文字大部分已剥落。

《九域守令图》，所谓"守令"，就是以"守令"代郡县，此图即为行政图，所以《九域守令图》还有一个名字叫《天下州县图》。

《九域守令图》较好地反映了北宋后期"天下州县"布局：地图上标注了 1 400 多个宋朝地名，几乎包括了北宋末年中央政权所管辖的全部州县。地图内容大部分完好可辨，绘出了山脉、湖泊、江河、州县等内容。黄河、长江的走向大体正确,河流主支流分明。山东半岛、雷州半岛和海南岛的轮廓已接近今图。该地图还首次使用了"波纹"符号来表示海洋，且较详尽地描绘了我国的海岸线，这些出色的表现使它当之无愧地成为中国第一幅海疆地图。此外，山脉用写景法表示，河流用单曲线勾绘；河名加框标注在河的上源。除河套以上的一段黄河河道画得不够准确外，其他江河的平面图形，以及府、州、县的相对位置，大体正确。使用文字图例表示行政区名级别的高低，是此图的独到之处。可以根据该图记载的内容，校正史籍中关于宋朝行政区名建置年代的误载。

"一带一路"——丝绸之路的盛世新生

要知道"一带一路"，就必须先了解"丝绸之路"。汉唐以来开辟的"丝绸之路"主要有两条。

1. 西北丝绸之路

西北丝绸之路正式被官方开通，始于西汉的张骞通西域。这条以长安（今西安市）和洛阳为东起点，经甘肃、新疆，到中亚、西亚，并联结地中海各国的陆上通道，因为由此路西运的货物中以丝绸制品的影响最大，故名"丝绸之路"。

东汉末年，由于匈奴控制西域一带，丝绸之路一度受阻。东汉明帝时派班超再次出使西域，经过多年的经营，丝绸之路再度辉煌。

唐朝是我国丝绸之路最为鼎盛繁荣的时期，丝绸之路上，各国使者、商人来往络绎不绝。上至王公贵族，下至平民百姓，都在这条路上留下了自己的足迹。这条东西通路，将中原、西域与阿拉伯、波斯湾紧密联系在一起。经过几个世纪的不断努力，丝绸之路向西伸展到了地中海。广义上丝绸之路的东段已经到达了韩国、日本，西段至法国、荷兰。

丝绸之路是一条贯通亚欧大陆具有历史意义的国际通道，正是这条古道把古老的中国文化、印度文化、波斯文化、阿拉伯文化和古希腊、古罗马文化连接起来，促进了东西方文明的交流。

在唐朝还形成了一条来往于吐蕃的"吐蕃道"。安史之乱（755—763）后，吐蕃趁机占领了陇右、河西，丝绸之路受到阻碍，唐与西域的交通只能取道回鹘（蒙古、甘肃、新疆），形成了回鹘道。同时，随着生产力的发展，航海技术的提高，海上丝绸之路的地位越来越重要。

北宋时期，河西被西夏控制，北宋只能取青海道与西域交通。到南宋则完全失去对西北的控制，但南方海上丝绸之路更加发达，取代了西北丝绸之路的地位。特别是十五六世纪后，欧洲新航路的开辟，加上南宋以来指南针普遍运用于航海，海上丝绸之路更加发达，西北丝绸之路则更加衰退。

西北丝绸之路的兴衰是与中国北方地区的社会经济和自然状况的发展相关联的。汉朝和唐朝正好是中国历史上气候十分温暖湿润的朝代，这个时期中国北方地区自然条件明显优于其他朝代，北方

知识链接

丝绸之路，概括地讲，是自古以来，从东亚开始，经中亚、西亚进而联结欧洲及北非的这条东西方交通线路的总称。丝绸之路，在世界史上有着重大的意义。这是亚欧大陆的交通动脉，是中国、印度、希腊三种主要文化交汇的桥梁。丝绸之路，在新疆按其线分为南、中、北三道。丝绸之路（silk road）是古代贯通中西方的商路。1877年由德国地理学家李希霍芬（F. von Richthofen）首次提出"丝绸之路"的命名。不过他所指的是"从公元前114—127年，中国于河间地区以及中国与印度之间，以丝绸贸易为媒介的这条西域交通路线"。所谓西域则泛指古玉门关和古阳关以西至地中海沿岸的广大地区。后来，史学家把沟通中西方的商路统称为丝绸之路。因其上下跨越历史2000多年，涉及陆路与海路，所以按历史划分为先秦、汉唐、宋元、明清4个时期，按线路有陆上丝路与海上丝路之别。陆上丝路因地理走向不一，又分为"北方丝路"与"南方丝路"。陆上丝路所经地区的地理景观差异很大，人们又把它细分为"草原森林丝路""高山峡谷丝路"和"沙漠绿洲丝路"。丝绸是古代中国沿商路输出的代表性商品，而作为交换的主要回头商品，也被用作丝路的别称，如"皮毛之路""玉石之路""珠宝之路"和"香料之路"。

海上丝路在中世纪以后输出瓷器很多，所以又名"瓷器之路"。总之，丝绸之路有广义与狭义之分。广义丝路是古代中西方商路的统称；狭义丝路仅指汉唐时期的沙漠绿洲丝路。

丝路兴衰、丝路起始时间，史学界尚无定论，但至迟在公元前5世纪中国

丝绸已从陆路传入波斯，再转贩至罗马帝国。公元前4世纪西方古文献中已对蚕丝有了记载，并指明"其丝货有贩至印度者"。公元前3世纪以前，西方已称中国为"赛里斯"（Seres），其拉丁语意为"丝之国"。汉武帝刘彻（公元前158？—前87）于建元二年（公元前139）派张骞（公元前164？—前114）出使西域，"凿空"丝路。元狩四年（公元前119）他再度出使西域，其副使分赴大宛（今费尔干纳）、康居（今阿姆、锡尔两河流域）、大月氏（今阿富汗中西部）、大夏（今阿富汗北部）、安息（今伊朗）、身毒（今印度）、于阗（今和田）、扜弥（今于田东）等地，从此开通丝路。汉武帝又开河西四郡，筑河西长城，起亭障直至盐泽（今罗布泊），与乌孙联姻，设使者校尉（后改西域都护府），移民屯田。汉出使各国使者、商人"相望于道""相属不绝"。中亚、西亚的商人"不绝于时月，商胡贩客，日款于塞下"。新莽时期（9—23），丝路中断。班超（32—102）在重开丝路中功绩卓著，曾派甘英出使大秦（罗马帝国），至条支（今伊拉克）遇西海（今波斯湾）而返，这是汉朝中国官员沿丝路西行最远者。

南方陆上丝路延续2000多年，特别是抗日战争期间，大后方出海通道被切断，沿丝路西南道开辟的滇缅公路、中印公路运输空前繁忙，成为支援后方的生命线。

海上丝路起于秦汉，兴于隋唐，盛于宋元，明初达到顶峰，明中叶因海禁而衰落。海上丝路的重要起点有番禺（今广州市）、登州（今烟台市）、扬州、明州（今宁波市）、泉州、刘家港等。同一朝代的海上丝路起点可能有两处乃至更多。规模最大的港口是广州和泉州。广州从秦汉直到唐宋一直是中国最大的商港。明清实行海禁，广州又成为中国唯一对外开放的港口。泉州发端于唐，宋元时成为东方第一大港。历代海上丝路，亦可分三大航线。广州、泉州在唐、宋、元时，侨居的外商多达万人，乃至十万人以上。丝绸之路的开辟是人类文明史上的一项伟大创举，也是古代东西方最长的国际交通路线，它是丝路沿线多民族共同创造，所以又称之为"友谊之路"。在丝路上起居间和转运作用的大宛人、康居人、印度人、安息人、阿拉伯人、西突厥人等对中国丝绸的西运做出了重大贡献，但也为争夺丝路贸易权发生多次争斗，尤以波斯与东罗马之间的斗争最为激烈。

"丝绸之路"这条长达7 000千米的陆路上，丝绸与同样原产于中国的瓷器一样，成为当时一个东亚强盛文明象征。丝绸不仅是丝路上重要的奢侈消费品，也是中国历朝政府一种有效的政治工具：中国的友好使节出使西域乃至更远的国家时，往往将丝绸作为表示两国友好的有效手段，并且丝绸的西传也少许改变了西方各国对中国的印象，由于西传至君士坦丁堡的丝绸和瓷器价格奇高，令相当多的人认为中国乃至东亚是一个物产丰盈的富裕地区。各国元首及贵族曾一度以穿着用腓尼基红染过的中国丝绸，家中使用瓷器也成为富有荣耀的象征。此外，阿富汗的青金石也随着商队的行进不断流入欧亚各地。这种远早于丝绸的贸易品在欧亚大陆的广泛传播为带动欧亚贸易交流做出了贡献。这种珍贵的商品曾是两河流域各国财富的象征。当青金石流传到印度后，被那里的佛教徒供奉为佛教七宝之一，令青金石增添了悠远的宗教色彩。而葡萄、核桃、胡萝卜、胡椒、胡豆、菠菜（又称为波斯菜）、黄瓜（汉时称胡瓜）、石榴等的传播为东亚人的日常饮食增添了更多的选择。西域特产的葡萄酒经过历史的发展融入中国的传统酒文化当中。商队从中国主要运出铁器、金器、银器、镜子和其他豪华制品；运往中国的则是稀有动物和植物、皮货、药材、香料、珠宝首饰等。

地区社会经济地位高，汉唐的政治中心在关中和中州一带，西北丝绸之路的繁荣自在情理之中。北宋以来，中国北方地区气候日益干燥，自然环境越来越恶劣，加之中国政治、经济、文化重心东移南迁，西北丝绸之路失去了原本的地理环境基础和社会基础，而指南针的运用和航海技术的进步带来南方海上交通的发展、新航路的开辟以及中国经济中心在东南地区的确立，这些也是西北丝绸之路衰落的重要原因。

如今，在这条昔日的西北丝绸之路上，遍布着历史遗留下的名胜古迹。这里有世界第八大奇迹、2000多年前的地下军阵——秦始皇兵马俑；有举世闻名的艺术宝库——敦煌莫高窟；万里长城的终点——嘉峪关；有"鸟的王国"之称的青海鸟岛；有如诗如画"塞上江南"的宁夏平原和内蒙古河套平原；有歌舞和瓜果之乡美称的新疆吐鲁番盆地等。

西北丝绸之路有力地促进了中西方的经济文化的交流，对开拓和促进中国的兴盛产生了积极作用。这条丝绸之路，至今仍是中西交往的一条重要通道。在我国当今的对外经济交流中，必将继续发挥重大作用。

今天，丝绸之路的巨型石雕矗立在陕西省西安市玉祥门外，这里正是汉朝古都长安，也是西北丝绸之路的起点，这座群雕是历史的浓缩，是昔日繁华的见证。

2. 海上丝绸之路

海上丝绸之路形成于汉武帝时。西汉的商人常出海贸易，开辟了海上交通要道，他们从中国出发，向西航行的南海航线，是海上丝绸之路的主线，到达了今天的越南、泰国、马来半岛、缅甸。航行于印度洋，到达印度、斯里兰卡、马六甲海峡、新加坡、意大利、埃及等地，成为亚洲和欧洲、非洲各国海路经济文化交流的友谊之路。

宋朝以后，随着中国南方的进一步开发和经济重心的南移，从广州、泉州、杭州等地出发的海上航路日益发达，越走越远，从南洋到阿拉伯海，甚至远达非洲东海岸。

与此同时，还有一条由中国向东到达朝鲜半岛和日本列岛的东海航线，它在海上丝绸之路中占次要的地位。

海上丝绸之路，是中国与世界其他地区之间海上交通的路线。中国的丝绸除通过横贯大陆的西北丝绸之路大量输往中亚、西亚和非洲、欧洲国家外，也通过海上丝绸之路的交通线源源不断地销往世界各国。因此，在德国地理学家李希霍芬将横贯东西的陆上交通路线命名为"丝绸之路"后，有的学者又进而加以引申，称东西方的海上交通路线为"海上丝绸之路"。

后来，中国著名的陶瓷，也经由这条海上交通路线销往各国，西方的香药也通过这条路线输入中国，一些学者因此也称这条海上交通路线为"陶瓷之路"或"香瓷之路"。

3. "一带一路"

"一带一路"是指"丝绸之路经济带"和"21世纪海上丝绸之路"的简称。

2013年9月7日，中国国家主席习近平在哈萨克斯坦纳扎尔巴耶夫大学做演讲，提出共同建设"丝绸之路经济带"。这就是"一带"。

2013年10月3日，习近平主席在印度尼西亚国会发表重要演讲时明确提出，"东南亚地区自古以来就是'海上丝绸之路'的重要枢纽，中国愿与东盟各国加强海上合作，使用好中国政府设立的中国—东盟海上合作基金，发展好海洋合作伙伴关系，共同建设21世纪'海上丝绸之路'。""海上丝绸之路"由此进入国家战略视野。这就是"一路"。

"一带一路"不是一个实体和机制，而是合作发展的理念与倡议，是依靠中国与有关国家既有的双多边机制，借助既有的、行之有效的区域合作平台，旨在借用古代"丝绸之路"的历史符号，高举和平发展的旗帜，主动地发展与沿线国家的经济合作伙伴关系，共同打造政治互信、经济融合、文化包容的利益共同体、命运共同体和责任共同体。

"一带一路"贯穿欧亚大陆，东边连接亚太经济圈，西边进入欧洲经济圈。无论是发展经济、改善民生，还是应对危机、加快调整，许多沿线国家都同我国有着共同利益。历史上，陆上丝绸之路和海上丝绸之路就是我国同中亚、东南亚、南亚、西亚、东非、欧洲经贸和文化交流的大通道；今天，"一带一路"是对古丝绸之路的传承和提升，获得了沿带沿路国家和地区的广泛认同与积极回应。

4."一带一路"的合作方向

"丝绸之路经济带"，重点畅通中国经中亚、俄罗斯至欧洲（波罗的海）；中国经中亚、西亚至波斯湾、地中海；中国至东南亚、南亚、印度洋。

丝绸之路横跨亚欧大陆，绵延7000多千米，途经多个国家，总人口近30亿。以上海合作组织为例，组织内的6个成员国（中国、俄罗斯、哈萨克斯坦、吉尔吉斯坦、塔吉克斯坦、乌兹别克斯坦）、5个观察员国（蒙古、巴基斯坦、印度、伊朗、阿富汗）、3个对话伙伴国（白俄罗斯、土耳其、斯里兰卡）绝大部分都位于丝绸之路沿线。

经济带是经济地理学范畴。经济带发展需要依托一定的交通运输干线，并以其为发展轴，以轴上经济发达的一个和几个大城市作为核心，发挥经济集聚和辐射功能，联结带动周围不同等级规模城市的经济发展，由此形成点状密集、面状辐射、线状延伸的生产、贸易、流通一体化的带状经济区域。

丝绸之路经济带总人口近30亿，市场规模和潜力独一无二。我国将在"新丝绸之路"上培育新的经济增长极，将会引进产业、聚集人口，这将使西部地区更快发展，并为我国中西部省区的机电产品、特色农产品、特色食品等货物向西出口创造难得的机遇。

习近平主席提出建设"丝绸之路经济带"着眼点并不仅仅是中亚，而是更大的棋局。"丝绸之路经济带"构想的最大价值在于何处？不是与中亚五国的贸易，不是来自中亚的油气资源供给，而是应对阿拉伯世界动荡趋势下，贸易路线转移的压力。

"21世纪海上丝绸之路"，重点方向是从中国沿海港口过南海到印度洋，延伸至欧洲；从中国沿海港口过南海到南太平洋。

21世纪海上丝绸之路的战略合作伙伴并不仅限于东盟，而是以点带线，以线带面，增进同沿边国家和地区的交往，串起连通东盟、南亚、西亚、北非、欧洲等各大经济板块的市场链，发展面向南海、太平洋和印度洋的战略合作经济带，以亚欧非经济贸易一体化为发展的长期目标。由于东盟地处海上丝绸之路的十字路口和必经之地，将是新海上丝绸之路战略的首要发展目标，而中国和东盟有着广泛的政治基础，坚实的经济基础，21世纪海上丝绸之路战略符合双方共同利益和共同要求。

陆上依托国际大通道，共同打造新亚欧大陆桥、中蒙俄、中国—中亚—西亚、中国—中南半岛等国际经济合作走廊。

海上以重点港口为节点，共同建设通畅、安全、高效的运输大通道。中巴、孟中印缅两个经济走廊与推进"一带一路"建设关联紧密，要进一步推动合作，取得更大进展。

"一带一路"，是汉唐以来开辟繁荣东西方经济文化交流的"丝绸之路"的盛世新生，必将给当今世界带来更多的惊喜、更大的收益！

5 元明东西方文化交融中的地理学

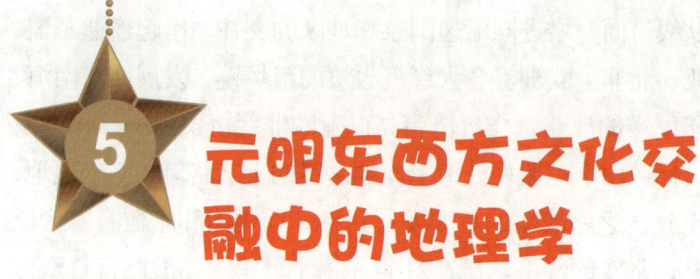

唐朝末年以来，中原战乱，我国与西域各国的陆上交通一度几乎隔绝。到13世纪初，我国北方蒙古族兴起，在成吉思汗的率领下东征西战，再一次打通了中西陆上通道。到忽必烈建立元朝后，中西陆上、海上交通更为发达。元朝版图的扩大、国家的统一、水陆交通的发达便利、中外交往的空前活跃等，都为地理学的发展提供了空前有利的条件，使元朝地理学在继承前朝的基础上，取得了自己的突出成就。

元朝地理学的大发展主要表现为《元一统志》的编纂、新的地理知识及地理学家的涌现、政府派遣专门地理探险队考察黄河源头地理、地图的绘制等。

明朝地理学的发展明显地可以分为前后两期。

明朝前期由于封建经济有较大发展，国力强盛，出现了郑和七下西洋的壮举。在这个背景下，域外地理、军事地理、地图学、地志等均取得了较大成就。

明朝后期，特别是万历（1573—1620）以后，中国出现了资本主义萌芽，西方传教士传入的一些西方科学文化，给当时思想界、学术界带来了一定的影响。当时一些思想进步的学者，批判封建礼教，鄙弃科举，关注"考察天地人身之故"，为科学技术的发展做了大量的工作。地理学则以徐霞客为代表，在考察自然、探索自然奥秘方面做出了杰出的贡献。

全国综合性地理著作——《元一统志》

《元一统志》原名《大元大一统志》，简称《元一统志》，是由元政府主持编纂的一部空前完备而丰富的全国性地理志书。全书600册，共1300多卷，按诸路州县史地分别编写，分建置沿革、坊郭乡镇、里至山川、土产风俗、古迹人物、仙释等部分，历时17年，于成宗大德七年（1303）编成。

编纂《元一统志》的起因是由于元朝建立后，全国出现了空前大一统的局面，但全国行政区域发生变更，路府州县的名称也多有改动，加之连年战争，各郡邑的图志也残缺不全，所以客观上极需一部全国性的地理著作。同时，元朝统治者为了更有效地进行统治，显示元朝疆域广阔的盛况，也十分需要编纂一部全国地理著作。为了解决国家统一与基层地理沿革混乱等矛盾，并宣扬皇朝威名，元统治者才下令编纂一部地理书。

《元一统志》所引用资料除实地补充勘察得来者外，其江南各行省大半取材于宋《舆地纪胜》和宋元旧志，北方各行省则取材于唐《元和郡县志》、宋《太平寰宇记》和金、元旧志者居多。边远地区的材料则依靠当时新编的《云南图志》《甘肃图志》《辽阳图志》等书。由于此书保存了宋、金、元旧志中的许多材料，所以在学术上有很高价值。

《元一统志》所引述的事迹，如大都寺观，古迹的壮丽繁多，为他书所未见。记延安路鄜州石脂、石油等情，可补沈括《梦溪笔谈》之不足。延安路范雍、计用章、庞籍、狄青、韩琦、薛奎、王温恭、夏安期、李师中、李若谷、王庶等人事迹均出自《宋史》，但与今本《宋史》多不合，这是因为《元一统志》所据的是元初纂修的《宋史》，与元末脱脱（1314—1356）纂修的《宋史》不同。这对于我们研究历史、地质、地理和考古等都是极好的材料。

《元一统志》于明朝已散佚，但明朝修《大明一统志》时以《元一统志》为蓝本，清朝编《清一统志》时又以《明一统志》为蓝本，所以，明、清两朝的《一统志》中都保留了《元一统志》的若干材料。今人金毓黻根据《元一统志》残存的零页,辑成《元一统志残本》15卷,收入《辽海丛书》。金氏又与安文溥合作,根据《明一统志》《元史·地理志》《钦定热河志》《满洲源流考》《盛京通志》及其他有关书籍,辑成《元一统志》4卷,亦收入《辽海丛书》。这个残本与辑本虽不能再现《元一统志》全貌,但也可窥其一斑,仍不失为学习和研究元朝历史的宝贵资料。

东西方文化交融中的地理学

元朝东西方交通盛况空前,各类人员的交往频繁。在这种形势下,人们的地理视野得到扩大,地理知识得到发展,中国对西方各国的地理情况有了较全面的了解。同样,西方各国对中国也有了进一步认识,激起了对于中国文明的向往。东西方文化的交流与融合,促进了元朝地理学的大踏步发展。

元朝有许多西方旅行家来中国旅行。最著名的有意大利人马可·波罗(Marco Polo,1254—1323)、鄂多立克(Odoric,1286—1331)、马黎诺利(John Marignolli),摩洛哥人伊本·白图泰,(ibn Battuta,1304—1378)。

马可·波罗是第一个把中国的情况详细介绍到欧洲去的人。他于1271年随父亲、叔父经亚洲中西部进入中国,1275年到上都(今内蒙古正蓝旗闪电河北岸),后又到大都,在中国住了17年,为元朝服务多年。他做过巡视各地的钦差和扬州的地方官,游历过新疆、甘肃、内蒙古、宁夏、河北、山西、陕西、四川、西藏、云南、

马可·波罗

《马可·波罗游记》

知识链接

马可·波罗的中国之行及其游记,在中世纪时期的欧洲被认为是神话,被当作"天方夜谭"。但《马可·波罗游记》却大大丰富了欧洲人的地理知识,打破了宗教的谬论和传统的"天圆地方"说;同时《马可·波罗游记》对15世纪欧洲的航海事业起到了巨大的推动作用。意大利的哥伦布,葡萄牙的达·伽马、鄂本笃,英国的卡勃特、安东尼·詹金森、约翰逊、马丁·罗比歇等众多的航海家、旅行家、探险家读了《马可·波罗游记》以后,纷纷东来,寻访中国,打破了中世纪西方神权统治的禁锢,大大促进了中西交通和文化交流。因此可以说,马可·波罗和他的《马可·波罗游记》给欧洲开辟了一个新时代。

同时,在《马可·波罗游记》以前,更准确地说是在13世纪以前,中西方在政治、经济、文化等方面的交流都是通过中亚这座桥梁间接地联系着。在这种中西交往中,中国一直是以积极的态度,努力去了解和认识中国以外的地方,特别是西方文明世界。最早可以追溯到周穆王西巡。尽管周穆王西巡的故事充满了荒诞和神话色彩,但至少反映了中国人已开始去了解和认识西方,汉武帝时期张骞通西域之后,一条从中国经中亚抵达欧洲的"丝绸之路"出现了,中国对西方世界有了更进一步的认识和了解。唐朝是中国封建社会的鼎盛时期,经济、文化等都达到了空前的繁荣,一大批西方的商人来到中国,中国对西方世界的认识更深入了。但直到13世纪以前,中西交往只停留在以贸易为主的经济联系上,缺乏直接的接触和了解。而欧洲对中国的认识,在13世纪以前,一直停留在道听途说的间接接触上,他们对中国的认识和了解非常肤浅。因而欧洲人对东方世界充满神秘和好奇的心理。《马可·波罗游记》对东方世界进行了夸大甚至神话般的描述,更激起了欧洲人对东方世界的好奇心。这又有意或者无意地促进了中西方之间的直接交往。从此,中西方之间直接的政治、经济、文化交流的新时代开始了。马可·波罗是一个时代的象征。

《马可·波罗游记》直接或间接地开辟了中西方直接联系和接触的新时代,也给中世纪的欧洲带来了新世纪的曙光。事实已经证实,《马可·波罗游记》给这个世界带来了巨大的影响,其积极的作用是不可抹杀的。

《马可·波罗游记》打开了欧洲的地理和心灵视野,掀起了一股东方热、中国流,激发了欧洲人此后几个世纪的东方情结。许多人开始涌向东方,学习东方,以致欧洲经历了翻天覆地的变革。许多中世纪很有价值的地图,是参考游记而制作的。许多伟大的航海家,扬帆远航,探索世界,是受到马可·波罗的鼓舞和启发。事实上,美洲大陆的发现纯属意外,因为游记的忠实读者哥伦布原本的目的地是富庶的中国。当时欧洲人相信,中国东面是一片广阔的大洋,而大洋彼岸,便是欧洲老家了。

马可·波罗东方之旅已经过去700多年了,但他的精神依然震撼着人们的心灵,激励着人们不断做出新的探索取得新的进展。将会有越来越多的人,走在由他所开辟的这条东西方交流之路上,并使之不断延伸拓展,越走越宽广,越走越平坦,超越时间、空间的局限,走向一个和谐的世界。马可·波罗是属于全世界、全人类的。

《马可·波罗游记》传入中国却是在成书500多年以后。1874年,上海《申报》第264号上刊登了求知子的文章《询意国马君事》,首次向中国人介绍了这本书。清朝晚期,魏易、林纾合译《马可·波罗游记》,起先逐日刊登在《京报》上,1913年由北京正蒙书局出版,名为《元代客卿马哥博罗记》。后来,中国又先后出版了5种中译本。今天,马可·波罗已是世界各国家喻户晓的历史人物,马可·波罗研究已成为中西文化交流史研究的重要内容之一。

山东、安徽、江苏、浙江、福建等省区和 50 多个城市，还出访东南亚诸国。1295 年从海上经由苏门答腊、印度等地至波斯，回到威尼斯。回国后，马可·波罗在威尼斯与热亚那海战中被俘。在狱中，他讲述了他与父辈们一起游历过的地区以及在中国的见闻，由难友鲁思蒂谦诺（Rusticiano）笔录，写成了举世闻名的《马可·波罗游记》一书。由于书中生动描述了东方各国的风土人情、奇闻逸事、物产资源，特别是通过对中国建筑、文化、艺术的描绘，盛赞了东方的文明与富庶。这本书曾在欧洲风靡一时，被反复传抄，并被译成各种欧洲文字，在意大利和整个欧洲产生了巨大影响，激起了欧洲人对东方的热烈向往，对以后哥伦布、达伽马为首的一大批探险家的地理大发现、开辟世界新航道产生直接的影响。同时，西方地理学

知识链接

鄂多立克

鄂多立克，幼年时，他入天主教圣芳济教会，过着清苦的修行生活。据说他每天只以水和面包充饥，经常赤足步行，练就了一身吃苦耐劳、坚忍不拔的勇气和毅力，为日后的旅行生涯做了准备。1314 年前后从威尼斯起航，他开始了东方之旅，经波斯、西印度、东南亚，再取海道，约 1322 年在中国广州登陆。在中国，鄂多立克的旅行时间长达 6 年。游历泉州、福州、明州、杭州、南京、扬州、北京等地，1328 年，鄂多立克离开北京，启程回国。经天德（今河套地区）、陕西、甘肃而至西藏，然后经中亚、波斯、阿拉伯等地，于 1330 年回到意大利帕多瓦。回国后，他口述了旅行的所见所闻及传教经历，由他人记录著成《鄂多立克东游录》。

《鄂多立克东游录》

《鄂多立克东游录》一书中生动记录了元朝时广州、泉州、杭州、北京等城市的地理风貌。如广州是"一个比威尼斯大三倍的城市，整个意大利都没有这个城的船只多"，他说广州人以蛇肉为佳肴，请人赴宴而桌上无蛇，客人会认为一无所得。他前往当时名世界的刺桐港（今泉州市），在这里，他受到圣方济各会教士的热情接待，他对方济各会弟兄们建的大教堂和山间的修道院称赞不已。刺桐的繁华给他留下了深刻印象。之后他经过福州，越过险峻的仙霞岭，到达了杭州。杭州更使他惊奇不已。他说："它是世界上最大的城市，坐落在两湖之间。像威尼斯一样，处于运河和环礁湖之间。"他讲到浙江一带独特的、能捕鱼的鱼鹰，杭州飞来峰呼猿洞呼猿的奇景，元朝使用的纸币等。鄂多立克从杭州继续北上，先后访问了金

陵府（今南京市）和扬州，说南京64千米（当然是夸大了，南京的明城墙也只有33.5千米）长的雄伟城墙，并在扬州沿着大运河，到达元朝的首都大都（今北京市），描绘了北京的北海和北海中的琼华岛。书中还提到了黄河的决堤、全国各地的驿站、西藏女人编许多条细小的辫子、中国女人裹小脚等，都是十分真实可信的。鄂多立克也是报道中国妇女缠足陋习的第一个西方人士。

《鄂多立克东游录》在当时欧洲的影响仅次于《马可·波罗游记》。这部游记在清光绪十五年（1889）就由在意大利那不勒斯圣家书院求学的郭栋臣神父译成中文，书名《真福和德理传》，由武昌崇正书院刊行。

鄂多立克为中西文化交流做出了巨大贡献。国际地理学会于1881年在威尼斯为他建立了一尊铜像，以表达敬仰之意。

马黎诺利

马黎诺利，元朝末年来中国的罗马教皇使者。意大利佛罗伦萨人，圣方济各会教徒，是应元顺帝（1320—1370）的邀请，由教皇派出的最后一位出使中国的使节。

马黎诺利奉教皇之命，与一群使者携带书信和礼品来中国。他们从欧洲向东，穿越整个亚洲，共历时3年抵达北京。马黎诺利在北京居留3年，1346年启程返国。行前元顺帝设宴欢送，赏赐物品和良马200匹。他们经杭州、宁波到达泉州。由泉州启航，经印度、斯里兰卡、霍尔木兹、巴格达、耶路撒冷、塞浦路斯，于1353年抵阿维南城，进呈元顺帝致教皇克莱孟六世的国书。1354年，马黎诺利受日耳曼大帝查理四世之命，著《波希米亚史》3卷。最后一卷追忆其出使中国的见闻，经后人重新整理辑出，即为《奉使东方想记》。

伊本·白图泰

伊本·白图泰，摩洛哥人，阿拉伯大旅行家。足迹遍及地中海沿岸外，还东至东欧、中亚、印度、锡兰、苏门答腊、中国等地，向西横越撒哈拉沙漠到达尼日尔河流域、苏丹、马里等地，历时28年，陆路、海道行程共计12万千米。1346年，他以印度苏丹使者的身份来到中国的泉州、广州、杭州、大都等地游览。回国后，由伊本·白图泰口述，穆罕默德·伊本·米赞·凯洛比笔录，1356年编成《伊本·白图泰游记》，又名《异域奇游胜览》，书中记述了中国海舶船只、市容、绘画、丝绸、瓷器等内容。

耶律楚材

元朝除了西方旅行者到东方来旅行外，中国也有不少旅行者西往。他们有的走陆路，有的走海路。元朝以前，虽然中原人与当时所谓的西域即今中亚、西亚地区交往频繁，但史书所记以政治、军事内容为多，对于那些人情、地理、风俗等，在13世纪前，人们知道的还是比较少的。

元朝时，成吉思汗的远征，使欧亚大陆广大幅员中的中西交通更为便利。忽必烈在中原建立元朝后，耶律楚材、长春真人、常德等出征、出使或旅行于西域各地，周达观从海上去柬埔寨，汪大渊去南洋诸岛、印度洋沿岸、东非各国，这些人写的游记都是重要的

耶律楚材

地理文献。元朝所开启的边疆域外地理新认识,早于西方"地理大发现"半个世纪。

耶律楚材(1190—1244)是我国元朝的一位杰出政治家和学者。他曾随成吉思汗的蒙古大军远征西域,熟悉边疆的风土人情、山川景物,著有久负盛名的《西游录》一书,记述有关我国新疆和中亚的人文、地理情况,是研究历史地理的重要著作。

《西游录》一书分为上、下两篇,上篇以纪实的手法、优美的文辞,细致勾勒出了西域的自然景观、交通地理、风俗民情、物产经济、城市等,留下了13世纪初期西域历史最为翔实的资料。下篇为问答体,以佛教立场批驳道教首领丘处机。

由于耶律楚材"西游"及东归均经由天山北麓,故而在《西游录》中对包括新疆在内的西域自然景观及人文地理有不少精彩、详细的描述。而因为耶律楚材居西域6年,文中所记,除黑色印度到可弗叉国(钦察国。都城在俄罗斯乌拉尔河与伏尔加河下游之间、里海北岸)一段来自传闻外,其他都是亲身经历。作者不拘泥于概貌介绍,而以流畅自然的文笔,着重点出了每一地的特色,比较生动地反映了700多年前西域的自然景色和人民的生活情形。文中所记今我国境外部分,现为吉尔吉斯斯坦、哈萨克斯坦、乌兹别克斯坦、塔吉克斯坦和土库曼斯坦五个中亚国家,再往西便是俄罗斯。这一带,元朝曾是蒙古族统治的钦察汗国(又称金帐汗国)。

丘处机

丘处机(1148—1227),号长春真人,曾应成吉思汗之邀,前往中亚的成吉思汗军中。1221年,从山东登州(今山东省蓬莱市)出发至燕京(今北京市),北上出居庸关,至呼伦贝尔草原,横穿蒙古高原,再向西南越阿尔泰山、准噶尔盆地,依天山北麓西行,经塔拉斯(今哈萨克斯坦江布尔)、塔什干,渡锡尔河到邪米思干(今乌兹别克斯坦撒马尔罕),直到大雪山(今兴都库什山),停留近1年,东归时,丘处机一行至阿力麻里(今新疆霍城县境内)后,直向东至昌八剌(今新疆昌吉市),经由别失八里(今新疆吉木萨尔县附近)东面北上,过乌伦古河重归镇海城(在今蒙古人民共和国哈腊乌斯及哈腊湖南岸)。此后,向东南直奔丰州(今内蒙古呼和浩特市附近),过云中(今山西省大同市),至宣德(今河北省宣化区)等地。丘处机是我国历史上最早横穿蒙古高原的人。根据他的旅行见闻写成的《长春真人西游记》一书(由其弟子李志常笔录),记述了有关蒙古、新疆、中亚的地理认识。

《长春真人西游记》以记述前往西域途中所见山川地理及沿途所见风俗人情为主,是研究13世纪漠北、西域历史地理史地理的重要资料。此书可与晋朝法显的《佛国记》、唐朝玄奘的《大唐西域记》相媲美,对研究元史、西域史、地理、民俗等均有参考价值。在世界中世纪的地理游记中,也占有重要地位。国外有俄、法、英等语种译本。

《西游录·异域志》

常 德

常德曾在1259年奉命出使波斯(今伊朗常德),往返历时1年多。1263年,刘郁将常德出使的经过记录下来,写成《西使记》一书,亦称《常德西使记》,记述西域风土、人情、地理等。

常德与耶律楚材、丘处机都是西行,路线却十分不同,常德是直接从当时蒙古都城和林(今蒙古人民共和国乌兰巴托西南方)出发,穿越蒙古高原前行的,经过准噶尔盆地、渡伊犁河、锡尔河、阿姆河,到里海南面的纥立儿。常德先后到达今乌兹别克斯坦、里海、德黑兰、麦加、印度等地。常德对中亚的了解填补了中外交流史上的空白,具有非常重要的历史、地理和文化价值。

常德所行路线比耶律楚材、丘处机都远,已到达伊朗高原西北部。《西使记》全书约2500字,内容丰富。如所记撒尔马罕的药物十数种,都是中国所没有的,或是当时地中海的采珠方法与中国类似等。此外,还介绍了印度的地理及物产。常德对西域乌伦古河流域的地理考察与描绘,弥补了前人文献中未有记载的缺憾。

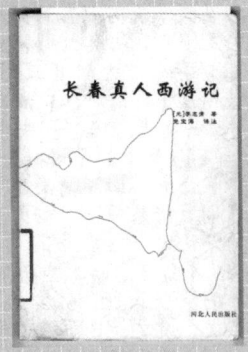

《长春真人西游记》

《西使记》中记录了一些前人未曾到过的地方,在地理学发展史上颇具发现意义。为此,曾经被法国人雷慕沙译为法文,被孛勒斯齐纳德译为英文。

在关于南亚、西南亚海上的地理认识方面,主要有周达观(1270—1350)的《真腊风土记》与汪大渊(1311—1350)的《岛夷志略》。

《真腊风土记》全书约8500字,是元成宗贞元年间(1296—1297),周达观奉命随使团出使真腊(即今柬埔寨,中国史籍中此名初见于《隋书》,唐宋时仍称真腊,元朝又称为甘孛智、干不昔、甘不察,明朝始译为柬埔寨)时,详细记录柬埔寨当时政治、经济、地理、文化习俗、物产、语言等情况。其中对柬埔寨山川、气候等地理记述,是最早以亲身经历介绍给我国人民关于柬埔寨的地理认识。

《真腊风土记》是反映柬埔寨历史上文明极盛之吴哥时代(10—13世纪)最重要的文献,其所记吴哥城及当时柬埔寨人民的经济活动、日常生活各方面情况,是现存的同时代人所写的唯一记载,故为研究柬埔寨历史的学者所重视。

《真腊风土记》的记载内容详细并翔实可靠,很有历史研究的价值。其中有描绘真腊国都吴哥城的建筑和雕刻艺术,后来经多位学者实地勘测,证实无误,它对研究真腊及吴哥窟起了极为重要的作用。此外,还记载了当时居住在真腊的海外华人的状况,当时他们被称为"唐人"。

《真腊风土记》先后有法文、日文、英文、柬埔寨文和德文翻译本。

汪大渊

汪大渊的《岛夷志略》记述自己二度漂洋过海亲身经历的亚、非、澳各洲的国家与地区达220多个,详细记载了当地的地理形势、风土、物产、气候、贸易等,范围广大,内容翔实,是研究元朝中外海上交通最有价值的必读地理著作。

1330年,年仅20岁的汪大渊搭泉州远洋商船,从泉州港出海,经海南岛、占城、马六甲、爪哇、苏门答腊、缅甸、印度、波斯、阿拉伯、埃及,再横渡地中海到西北非洲的摩洛哥,再回到埃及,出红海到

《岛夷志略校释》

索马里，折向南直到莫桑比克，再横渡印度洋回到斯里兰卡、苏门答腊、爪哇，再到澳洲，从澳洲到加里曼丹岛，又经菲律宾群岛，一直到1334年才返回泉州。1337年，汪大渊第二次从泉州出航，游历南洋群岛，印度洋西面的阿拉伯海、波斯湾、红海、地中海、莫桑比克海峡及澳洲各地，两年后才返回泉州。

《岛夷志略》一书以印度分界，第一次使用"东洋"（即南洋）和"西洋"（即印度洋）的地域概念。书中还记载了台湾、澎湖是我国的神圣领土，当时台湾属澎湖，澎湖属泉州晋江县，盐课、税收归晋江县。汪大渊的记述是在自己耳闻目睹基础上写成的翔实记录，因此，它标志着我国古代对南洋、西洋地理的新认识。

《岛夷志略》在历史地理的研究上有着重要史料价值，因此很早就引起世界的重视。自1867年以来，西方学者中就有很多人研究该书，并将该书翻译成英文、俄文、日文等文字。

上述元朝这些游记著作都是作者以亲身经历记述当时亚、非、澳各地的地理风貌和见闻，极大地丰富、开拓了人们对域外边疆地理的知识视野，弥补了对过去认识的不足。

家还根据书中的描述，绘制了早期的"世界地图"。

精确地图学家——朱思本

朱思本（1273—?），字本初，号贞一，江西临川（今抚州市）人。元朝最有名的地图学家。元朝在地图绘制方面，以朱思本的成就最大。

朱思本青年时期为了掌握地理知识而开始周游天下，登会稽山，泛洞庭湖，纵游荆襄，流览淮泗，遍历河北、山西、山东、河南、江苏、安徽、浙江、江西、湖北、湖南10省，考察各地山脉水系、土壤气候和物产交通。他的考察是严格的科学实践，首先是向当地父老乡亲询问古迹、口碑；其次是寻找遗迹、遗址；三是考证郡邑之沿革；四是核实河流山川之名是否有误；五是根据自己的地理考核来验证古地图所载是否相符。他那孜孜不倦的治学精神为其同时代的文人虞集所称道。为了取得科学的结论，朱思本实地考察历时有20多年，跋涉数千千米。

通过实地地理考察，对前人所作进行核对，他发现有很多错误的地方，就决心重新绘制正确的地图。为此朱思本注重广泛吸收有关地理学方面的研究成果。朱思本善于从前人的著作中汲取有价值的成果。他参考过的地理著作有《水经注》《通典》《元和郡县志》《元

知识链接

  不得不提的是，元朝另一部著名的历史地图集，是李好文的《长安志图》。《长安志图》原有图 22 幅，现存 19 幅。图幅大小不一，比例尺与方位也不一致。主要内容是关于长安地区行政区划、城市、陵墓、宫殿、禁苑、名胜古迹和水利灌溉渠道共七类地图。其中最有特色的是水利灌溉渠道图，它是水利灌溉渠道系统中最早的一幅地图。《长安志图》的绘制，据研究，在现存宋、元地图中处于中上水平。

  此外，元朝还有两幅中国全图，即李泽民于 1330 年左右绘制的《声教广被图》和天台僧人清浚绘制的《混一疆理图》，惜已失传。

  还值得一提的是元朝出现了我国第一个地球仪。至元四年（1267），扎马鲁丁在中国制造了一个木质地球仪，七分水面用绿色表示，三分陆地用白色表示，又画江河湖海，形成水系网络。地球仪上绘有小方格，用来计算道里远近。这些小方格显然是经纬线。地球仪上水陆分布比例，同现代所测得的比例基本一致。地球仪在中国首次出现，这在中国地理学史上是件大事，有重要的历史意义。

丰九域志》《元一统志》等。为了编绘较精确的《舆地图》，在搜集材料方面他是不遗余力的。

  1311—1320 年的 10 年，朱思本苦心钻研，劳心瘁力，总结了魏晋、唐宋以来的绘图经验，继承了西晋裴秀和唐朝贾耽的"计里画方"之法，即纵横界画，画地图时打上方格，每格代表 25 千米的里程，并且先绘制各个地方的小图，然后合成一幅全图，这是朱思本野外考察与书本知识相结合的产物。最终绘制了具有重要科学价值的《舆地图》。《舆地图》比前朝地图更为精细详尽，图画上的山川湖泊、城镇区域注记也大大增加，因此对计里画方法的精确度要求更高。这种计里画方法经朱思本的提倡，到元明两朝又开始盛行。直到明末意大利传教士利玛窦来华传入西方的绘图法后，更科学的经纬度才开始逐渐代替计里画方法。

  为了完成《舆地图》这一艰巨任务，朱思本在实地考察、搜集资料、制图方法等方面都付出了大量的心血。

  《舆地图》全图长、宽各 2.33 米，标位、计程都相当准确，为前人所未及。朱思本利用前人成果是有所取舍的，他以自己渊博的地理学知识，剔除那些不够准确的东西，借鉴吸收其合理部分，具体绘制时又十分严谨细密。此图主要以他实地考察的地区为主体，对那些他没有去过的边远地区、不熟悉的地区,以及资料不足或资料不十分可靠的地区,他不乱画,而是宁缺毋滥,以免影响后人。

朱思本的《舆地图》是我国制图史上的杰作,在精确性上大大超过了西晋裴秀和唐朝贾耽的地图。这部地图的影响很大,元、明、清三朝所制新地图多以《舆地图》为重要范本。由此,朱思本成为元朝地理学及中国地图史上的划时代人物。

朱思本的《舆地图》原图已佚。明朝罗洪先据其图绘制《广舆图》,幸亏有罗洪先的刊刻补充,使我们今天仍可见到《舆地图》的概貌。17世纪中叶来华的意大利传教士卫匡国(Martino Martini, 1614—1661)绘制的《中国新地图集》,其主要依据之一就是罗洪先刊刻的《广舆图》。卫匡国由于1655年在阿姆斯特丹出版了他的《中国新地图集》而被誉为西方中国地理学之父。可见朱思本不仅是中国元朝的著名地理学家、地图学家,而且还具有世界性影响。

第一次国家考察母亲河发源地

元朝第一次实施由国家派人进行实地考察母亲河——黄河的发源地。

黄河是我国的第二大河,是中华民族的摇篮,被亲切地称为母亲河。黄河中下游一直是中华民族发祥、生活的主要地区,因此,黄河的发源地自古以来就一直得到人们的密切注意。公元前5—前4世纪,人们就已知道黄河发源于今青海省,出现了"导河积石,至于龙门"(《尚书·禹贡》)的记载。不过由于河源地区环境恶劣,人迹罕至,因此,在很长一段时间内,没有专人实地考察过河源。

元朝统一全国后,由于中央政府对边疆地区的管理大大加强,沿路都设有驿站,

黄河

黄河源头星宿海

交通十分便利，所以为河源的探索创造了有利条件。加之元朝统治者为了加强中央与边疆民族的联系，试图探清河源，在黄河上游处建立一座贸易城市，然后利用黄河水运沟通与京师内地的联系，于是在1280年，元世祖忽必烈授予都实为招讨使，佩虎金符出发考察河源。

都实，又写作笃实，女真族人，姓蒲察氏，元初曾任乌斯藏路督统和招讨元帅等职。都实率队前往青海地区探求河源。经过4个月的跋涉探险，他们才抵达河源，通过广泛考察，查清了河源地区的地理情况，并绘制了地图。

都实的这次考察，首次搞清了河源地区的河流水文特征，以及河流名称等地理问题，指出星宿海（青海省西宁市西南方向，一片沼泽地）为河源所在。这次考察，不仅第一次明确了黄河河源地区的主要支流和水文特征，而且彻底否定了汉朝以来盛行的以塔里木河为黄河上源的说法。从保存至今的元朝陶宗仪《黄河源图》中，可以看出当时对河源的认识已相当清楚。

1315年，翰林学士潘昂霄根据都实的弟弟阔阔出的口述，写成《河源志》，这是我国关于河源的第一部专著。

此后，明清两朝也都对河源有过考察，进一步明确、丰富了黄河源的地理认识。如明朝1382年僧人宗泐的河源调查；清朝1704年拉锡和舒兰的考察，以及1717年的河源地图测绘等。1952年、1978年我国又对河源进行了几次大规模综合科学考察，从各个方面系统地认识了黄河上源的地理环境等问题，也证实了元朝都实考察成果的科学性和重要意义。

郑和七下西洋与"地理大发现"

远在西方"地理大发现"时代以前的半个多世纪，我国伟大的航海家郑和就已经率领庞大的船队，在东南亚、印度洋地区进行了大规模、长达近30年的航海活动。

郑和

郑和航海船队

这不仅是中国海上探险事业的巨大成就，也是世界地理发现史上的壮举。

郑和（1371—1435），本姓马，小字三保（亦作宝），回族，云南昆阳（今晋宁县）人。14岁入宫做宦官，因功而升为内官监太监，赐姓郑，人称三保太监。

明朝初年为了"扬威海外"，显示新大明王朝的国威浩大，同时也为了扩大与东南亚、印度一带的海上经济贸易，明成祖朱棣派遣太监郑和组织船队出航西洋。1405—1433年的29年，郑和曾七次率船队下西洋，到达37个国家，足迹遍及南至爪哇，西至非洲东海岸和阿拉伯半岛间的广大地域。郑和的船队庞大，人员众多，每次都由200余艘船组成，其中有大海船60余艘，最大的船长148米，宽60米，可载1 000人，船员最多时达27 000多人。

郑和的大规模航海活动，不仅扩大了中外经济交流，而且在地理认识史上，也再一次扩大了中国人民对"西洋"的地理新眼界。郑和与他的助手写下了几种记录航海见闻的地理著作，记述了他们对西洋各地的地理新认识，马欢的《瀛涯胜览》记载了19国，费信

知识链接

地理大发现及其影响（15世纪以后）

所谓"地理大发现"，是指欧洲人对离之遥远的地方的发现。事实上，早在9—10世纪斯堪的纳维亚半岛上的维京人已发现了美洲，包括西方学者在内，许多学者考证认为中国人最早发现美洲，有殷民东迁说、汉北匈奴东迁说、5世纪慧深发现美洲说、法显发现美洲说等。关于绕非洲的航线也早在公元前600年由埃及法老派遣腓尼基人完成。就是欧洲本身在此以前早已被中国人、阿拉伯人所发现，只是受当时经济技术条件的限制，没有引起人们的广泛注意而已，或者因为那些"欧洲中心"的文化史家们不愿宣传的缘故，所以不像"地理人发现"那样称著于世。"地理大发现"正处于欧洲资本主义经济的萌芽勃兴时期，国际关系已广泛建立，所以产生了深刻的影响。"地理大发现"的本来目的并非是为求知而探险，主要是出于宗教需要和经济需要，一是传播基督教的热诚，二是对黄金、香料的渴求，以后又转入为了贩卖奴隶。继中国郑和七次远征之后，欧洲掀起了探险热、殖民地热。葡萄牙、西班牙的王公商会不惜重资派人去海上探险。

绕过非洲通往东方航线的发现

在15世纪欧洲人的眼里,亚洲是一个非常富庶的地方,黄金、香料、丝绸具有非常强烈的诱惑力。可是,从海上去亚洲必须绕过非洲,还要穿过亚里士多德、托勒密所说的可怕的热带,而且据托勒密讲有一个南方大陆,能否绕到亚洲尚未可知,所以这条航道是探险者热衷的目标。亨利王子领导的航行已经打破了到热带可以变黑、海水沸腾的神话,但是那时只航行到26°N以南一点,赤道怎样尚不可知。1473年在亨利王子死后,一条葡萄牙船通过了赤道,没有让那里灼热的阳光焚毁,安全无恙地到达了刚果河口。1497年瓦斯科·达·伽马(1469—1524)率葡萄牙船队,避开了强大的本哥拉洋流和赤道以南沿岸的顶头风,在大西洋绕了一个大圈子,然后沿非洲西海岸绕过好望角,沿非洲东岸向北航行,经莫桑比克,穿过印度洋到达了印度,从而发现了苏伊士运河是开通前欧洲人去亚洲的唯一航道。当他最后回到里斯本时,一共用了两年时间,航行386 243千米,170名船员,仅剩下了44名,为这条航道的发现付出了巨大的代价。随着这条航道的开通,葡萄牙人占领了印度的果阿,在马六甲海峡建立了基地,租借了中国的澳门并强占了中国台湾,首次打开与日本的贸易。紧接着大批欧洲人涌入了亚洲,带来了基督教,输入了欧洲的文明,也造成了亚洲人受欺侮、受压迫的历史。从此,地中海、大西洋的欧洲文明,与印度、中国文明连接了起来,人类彼此隔绝的时代基本结束。

地理大发现的意义

地理大发现给地理科学带来了巨大变革,它的意义也超过地理科学,几乎对所有的自然科学和哲学都是巨大的推动力。它是人类近代飞跃性进步的先声。正是由于地理大发现给人类开拓了广阔的发展空间,发现了在当时看来几乎是无穷无尽的资源,刺激了产业革命的迅速到来,称得上人类历史上、科学发展史上最伟大的事件之一。

地理大发现给人类带来了一个又一个崭新的外部世界,人类在与外部世界的对比中,在大量新发现的事实的比较分析中思索问题,对看上去杂乱无章的万千世界进行分类、归纳,寻求他们的规律。瑞典林奈的植物分类(1735年)是比较归纳法最典型的例子。探本求源的科学哲学观最为盛行。生物是怎样发生演变的?地球的起源是什么?人类是怎样产生的?人类的思想行为来源于什么?一系列既是科学又是哲学的重大问题都是地理大发现之后提出来的。如达尔文的进化论(1859年)、孟德斯鸠的地理环境决定论(1755年)、康德的形而上学(1781年)、马尔萨斯的人口论(1798年)等。近代科学、哲学的重大理论几乎都与地理大发现的推动有关。

总之,地理学是关于地球表层的科学,它的一切规律、原理、法则与地球的大小、形状、运动形式、海陆分布等整体性质密切相关。可以这样说,没有地理大发现带来的人类对地球整体的认识,就不会有后来的科学地理学。

纵观古代地理学的发展,古希腊地理学、我国春秋战国及其以前的地理学,是地理思想、地理知识的朦胧时期,即上古地理学阶段。地理大发现以前的中世纪地理学是中古阶段,尤其西方地理学发展停滞、缓慢,是学术上的黑暗时代。地理大发现以后,是近古时期,也是科学地理学的酝酿时期。整个古代地理学处于地理学与其他科学未分化、自身也未分化的状态,基本处于描述地理阶段。只有19世纪以后,地理学才成为一门独立的成熟科学。

达·伽马画像

的《星槎胜览》记载了 40 国（其中亲见 22 国），巩珍的《西洋番国记》记载了 20 国的风土人情。这些记载的丰富程度是空前的。

而最后一次航行制作的《郑和航海图》，更是我国地图学史上的一大创作，是一部专为指导航海用的地图。其表示内容、表示方法与编制方法上有如下三点独特之处。

（1）从方便使用出发，从起点开始至终点，图幅呈一字排列展开的连续拼接。

（2）采用"对景图"的画法，绘制山形形象与有方位意义的地物，可把图与实地一一对景，尽快判断出自己所处的位置。

（3）绘出平潮时的浅沙、礁石和港口、海岛等航海用的地物要素与居民地、山地等。

《郑和航海图》是郑和及其海师在长期航海实践中所测绘和使用的海洋地图，全图以南京为起点，以忽鲁谟斯（霍尔木兹海峡）为最远点，最远抵达东非，所绘沿途亚非两洲地名约 500 个，其中域外地名就有 300 多个。采用一字展开式绘制而成。在 15 世纪初的 30 年间，郑和率船队七次下西洋，其活动范围从 32°N～10°S，125°E～48°E，几乎占地球周长的四分之一。所经历的 37 国中，最西到达索马里的摩加迪沙、布拉瓦，是古代中国人在西洋活动范围最大、记录最翔实的第一次。尤其是，在郑和成功地打通经印度洋到非洲的航道半个多世纪之后的 1480 年，西方狄亚士才发现了有可能来东方的好望角；更迟到 1498 年，达·迦马才到达印度，打通了通往东方的印度航道。因此，郑和的航海活动，不仅扩大和丰富了中国人的地理视野，而且，还是世界地理发现史上一次前所未有的壮举。

人文地理学的先驱者——王士性

我国著名历史地理学家谭其骧教授，曾经对中国古代著名的两位地理学家徐霞客与王士性就他们各自的地理学科成就贡献进行了比较，谭教授认为"从自然地理角度看，徐胜于王，从人文地理（包括经济）角度看，王胜于徐"，王与徐在"伯仲之间"。

王士性（1547—1598），字恒叔，号太初，又号元白道人，浙江临海人。他为官21年，在北京、河南、四川、广西、贵州、云南、山东等地都任过职。他遍游名山大川，到过当时我国全部15省中的14省。正是通过广泛游历，王士性才创作出《五岳游草》《广游记》《广志绎》等杰出的地理学著作。这些著作，不仅可以使我们了解明朝中国的山河概貌、各地的风土人情、社会生活和经济发展状况，而且也使我们了解了作者的许多地理学思想。王士性对人文地理学科有突出贡献，被一些现代学者称为我国古代人文地理学的开拓者。

王士性对地理学的区域性特点进行深入研究，同时对方言学、地名学都有重要贡献。经过细致考察，他认为地理要素、地理环境对于人的行为有决定性影响。此外，王士性还说人们对自然环境的改造利用既不可无所作为，又不可盲目而为，而应遵循自然法则。这已经接近现代人说法，十分难能可贵。

《五岳游草》

王士性在实际考察的基础上，还将浙江分为浙东、浙西两大文化区域和宁绍、金衢、台温处三个文化亚区。其划分基本符合浙江地区的历史事实，至今仍有借鉴意义。

千古奇人奇书——徐霞客及其《徐霞客游记》

中国地理学史上的千古奇人，就是徐霞客，其所

徐霞客

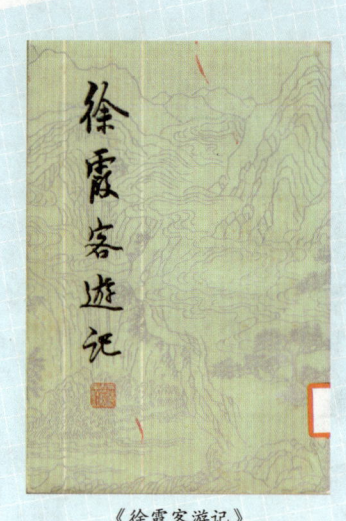

《徐霞客游记》

写的《徐霞客游记》，被称为千古奇书。

徐霞客（1587—1641），名弘祖，字振之，号霞客，江苏江阴人，是我国明朝末年杰出的旅行家和地理学家。

徐霞客自幼"特好奇书"，好游历，一生志在四方，不避风雨虎狼，与长风云雾为伴，以野果充饥，以清泉解渴，以毕生精力进行旅游和地理考察。他从22岁起到54岁从云南抱病回家止，30年间几乎年年出游，先后游历了江苏、上海、浙江、山东、河北、天津、北京、山西、陕西、河南、安徽、江西、福建、广东、湖南、湖北、广西、贵州、云南19个省市，达5万千米路程，足迹遍及大半个中国。为了掌握第一手材料，他在所到之处，探幽寻秘，并记有游记，记录观察到的各种现象、人文、地理、动植物等，努力采集植物、岩石和化石标本，直到临终前还在病榻上研究远游带回的岩石标本，最终写下了69万字的日记体裁地理巨著《徐霞客游记》。这部游记饱含着他对奇山异水的深情，是他用翔实准确而又传神入化的笔触写成，以情真、景真、意真、事真著称于世，被誉为"世间真文字，大文字，奇文字"，为著名的文学著作和地理著作。徐霞客把自己的毕生精力全部献给了祖国的地理考察事业。

徐霞客常常为探寻名胜，考察山脉的走向形态，观察河流渊源流经，以及各种地理问题，而不得不深入人迹罕至的莽林、洞穴，经常风餐露宿，不避风雨。如他晚年在西南旅行考察，就曾两次遇盗，三次粮绝，所带的一个仆人也在关键时刻逃跑了。然而，他仍泰然处之，不改初衷。每天坚持徒步数十千米山路，睡前还要坚持写游记，即使在荒野露宿，他也要设法点燃松枝照明，把当天的游记写完。

徐霞客早年的旅行尚以名山大川的游赏为主，晚年的旅行已不再满足于探幽访故的一般性旅游，而是以实事求是的态度进行认真的地理考察，作学术上的探索。所以，他对地理学认识的记录是多方面的，尤其是他晚年旅游对我国西南亚热带岩溶地貌进行广泛的实际考察，从岩溶地貌的地表形态、地下形态（洞穴）、分布特点等方面进行科学系统理论分析、记录，这都是中国历史上的第一次，为中国地理研究做出了突出贡献。

《徐霞客游记》的地理价值，突出地体现在它对岩溶地貌的记录和论述方面。徐霞客所游历考察的地区，有不少是属于岩溶地貌地区，特别是湘西、广西、贵州、云南。他所到之处，都细致地观察这些地区的地貌特征，并详细地在游记中做了记述。据统计，他记

知识链接

《徐霞客游记》自从问世以来，一直受到国内外广大地理学者和读者的关注，并得到了很高的评价。大家一致认为《徐霞客游记》至少具有以下科学价值和社会效益。

首先，《徐霞客游记》是徐霞客30多年亲身旅行考察的实况记录和结晶，涉及内容广泛、丰富，从山川源流、地形地貌直到奇峰、异洞、瀑布、温泉的考察、探索；从动植物生态品种到手工业、矿产、农业、交通运输、都市建置的描述；从各地风土人情中了解到民族关系和边陲防务的关注等，皆有记载。它为我国历史自然地理和历史人文地理的研究都提供了极其珍贵的资料，开创了我国地理学上实地考察自然，系统描述自然的先河。

其次，徐霞客系统详细地考察了我国西南地区的石灰岩地貌（亦称岩溶地貌），书中对峰林、洞穴、溶沟、石芽、石梁、圆洼地、落水洞、天生桥和地热显示等地貌景观的分布、类型、变化、特征和成因皆作了细致的记录和分析研究，有比较科学的解释，是我国也是世界上最早有关岩溶地貌的珍贵文献，比欧洲人于18世纪下半叶才开始的岩溶地貌的考察，还要早100多年，其中许多西方地理学家认识到的地理现象和规律，早在《徐霞客游记》中就有了论述。它在世界上开辟了岩溶地貌考察的新方向。

第三，徐霞客另一个突出成就就是河源考察和关于河流侵蚀的精辟见解。他考察了湖南、湖北、广西、云南等省区的大小河流，对诸水的源头、走向进行过认真的探索，他勇于打破传统的错误说法，并纠正前人研究中的不足和地方志记载的错误。尤其是他的《溯江纪源》一文，正确指出长江的正源是金沙江，不是岷江，大胆地纠正了沿袭1000多年的长江发源于岷山的错误认识，为以后进一步探求长江源头开辟了新方向，具有深远的历史意义。

第四，《徐霞客游记》对一些奇特的自然地理现象做了许多科学解释，揭示了一定的自然规律。他指出河床比降与流速的关系问题，认为河床比降大则流速急，并用这一原理解释峡谷的险势。这些思想可以说与今天的地貌学理论是一致的。

第五，《徐霞客游记》中有关各地的工农业生产、交通运输、风土人情，动植物的种类、分布、特征以及与地理环境的关系，亦有不少记载和认识，给我们研究历史经济地理和历史动植物地理提供了一些有益的资料。

第六，《徐霞客游记》充分反映了徐霞客严谨的治学态度、实事求是的考察方法和追求真知的献身精神。徐霞客旅游的目的，就是要穷江河之渊源，山脉之经络，攀登地理科学的高峰。为了达到这一目的，他重实践、勤考察，不迷信书本知识和民间传说。他能够经常遵循科学的原则去认识和解释自然界中各种奇异现象。总之，我们通过《徐霞客游记》，可以学到徐霞客的许多优良品质。

此外，《徐霞客游记》不仅是一部地理学名著，还是一部享负盛名的文学佳

篇；不仅有很高的科学价值，还有很高的文学价值。祖国的锦绣河山，自然界的万千奇景，在徐霞客的笔下，如诗如画，栩栩如生。写动态，千变万化；写静态，清新秀丽；写山，或峻险幽奇，或巍峨雄壮，令人目不暇接。

《徐霞客游记》文字优美，语言生动，感情真挚，表达深刻细致。洋洋60多万字的大著作，人们读起来，如身临其境，深受感动，爱不释手。

19世纪的德国有两位伟大的地理学家，一位是亚历山大·冯·洪堡（1769—1859），另一位是卡尔·李戴尔（Carl Ritter, 1779—1859）。

洪堡，是世界著名的科学家，他对自然科学非常感兴趣。在1797年，他得到西班牙国王的允许，乘船到美洲参加长达5年之久的考察工作，足迹遍及委内瑞拉、哥伦比亚、智利、秘鲁、巴西、古巴、墨西哥和美国，以及安第斯山等地区，这对他的科学成就起到了重要作用。在他60岁时，又接受俄国沙皇邀请到西伯利亚和中亚做矿产资源的考察。

洪堡的兴趣主要还是在自然地理方面，特别是对气候、地貌和植被做了深入的研究。早期的地理学家大多是记录自然界的各种现象，很少注意其相互关系及存在于该地的原因。但是，洪堡则很注意地理现象之间的因果关系，并试图解释这些自然现象的空间分布原因。在他的著作中，他相信人也是生态系统中的一个组成部分。晚年，他总结了一生调查研究工作，写出共有29卷的巨著《宇宙》(Cosmos)。在该书中，他对气候和植物地理在地面分布的相互关系作了理论上的概括，并提出植物的水平分布和垂直分布的规律性，这对地理学的发展起了重要作用。因而，他被认为是现代自然地理学的奠基人。

洪堡的科学活动涉及地理学、地质学、地球物理学、气象学和生物学等各个方面。他称地理学为"地球描述"，目的是研究现象的空间分布、空间关系和相互依存。洪堡注重野外观察和现象的描述，其科学研究方法具有经验性和归纳性。

洪堡在地理学上的主要贡献包括：首创世界等温线图，指出气候不仅受纬度影响，而且与海拔高度、离海远近、风向等因素有关；研究了气候带分布、温度垂直递减率、大陆东西岸的温度差异、大陆性和海洋性气候、地形对气候的形成作用；发现植物分布的水平分异和垂直分异性，得出植物形态随高度而变化的结论；确立了植物区系的概念，创建了植物地理学；首次绘制地形剖面图，进行地质、地理研究；根据海水物理性质的研究，用图解法说明洋流；发现秘鲁寒流（又名"洪堡寒流"）。洪堡的科学考察和著作对近代科学的发展起到推动作用。

李戴尔与洪堡不同，他主要是位书斋学者，虽然他受到洪堡自然地理的感召，但由于他在哲学与历史学方面的素养，所以工作主要偏重于人文地理方面，特别注意人文空间行为的规律。在1817年，他的《地球学》第一卷出版了，因而名声大噪。1820年起，他受聘于首先建立在柏林大学的地理系，并任系主任，直到去世。由于他善于讲演，在教学中培养了许多有名的地理学家。到1859年，他的《地球学》共出了19卷。他特别注意环境中的人文现象以及人与环境关系，如在他的著作中提到"地理学是科学的一个部门，它把地球作为

洪 堡

> 一个独立的单元,研究它所具有的特征、现象和关系,并说明这个统一的整体与人及人的创造者的联系"。虽然在他的著作中对于人与环境关系存在着当时流行的目的论的色彩,但从总体来说,他被认为是地理科学中现代人文地理学的奠基人。
>
> 洪堡和李戴尔不仅为现代地理学的发展奠定了基础,而且也为地理学的两大学科——自然地理学和人文地理学确立了科学基础。
>
> 自然地理学属于自然科学,人文地理学属于人文科学。虽然两者的属性不同,但是在地理现象上则有相互密切的联系。因而,地理学具有特殊的科学属性,它既属于自然科学又属于人文科学,也可以说地理学是介于自然科学与人文科学之间的特殊学科。

述的地表岩溶地貌的内容达 22 项,大部分是他首先观察和记述的,并对比了不同地区地貌的差异,有的还就其成因进行了探讨。其内容包括石芽、溶沟、裂隙、槽谷、盆地、嶂谷、天生桥、峰林、孤峰等。同时,书中记述的洞穴达 357 个,其中石灰岩溶洞有 288 个,内容包括洞穴的结构和类型,洞穴堆积、地下河、地下湖、洞穴瀑布、地表水与地下水的关系,洞穴的气候、生物、音响,以及洞穴的成因。无论是就深度而言,还是就广度而言,这些记述都远远地超越了前人,有不少论述更是与近代科学的解释相一致。可以说,徐霞客是中国系统研究岩溶地理的先驱,也是世界最早的岩溶学家和洞穴学家。西方直至 19 世纪 50 年代,才出现超过《徐霞客游记》的岩溶学著作。

徐霞客除了在岩溶地貌方面的重要贡献外,在关于长江源流问题、盘江上源问题等,也都提出了重要见解。如徐霞客经过多年的各地地理考察,第一次正式提出金沙江以上才是长江正源的正确观点。正是由于徐霞客在地理学方面有许多卓越的见解,所以,他不愧为我国古代杰出的旅行家和地理学家。

《徐霞客游记》生动、准确、详细地记录着祖国丰富的自然资源和地理景观,为历史地理学的研究提供了许多重要资料,具有很高的科学价值和社会效益,受到国内外广大专家和读者的赞赏,称徐霞客为"千古奇人",称《徐霞客游记》为"千古奇书""古今一大奇著"。英国的科技史专家李约瑟在其主编的《中国科学技术史》一书中更是给予了极高的评价:"他的游记读来并不像是 17 世纪的学者所写的东西,倒像一部 20 世纪的野外勘察记录。"

徐霞客长期从事旅行探险活动，几乎以毕生的精力开辟系统考察自然、描述地理环境的新方向，在世界上率先突破古典地理学的传统束缚，其伟大贡献可与欧洲18—19世纪才出现的，被认为是近代地理学的奠基人洪堡和李戴尔相提并论。在时间上，徐霞客还比他们早200年。他著有的《徐霞客游记》等地理著作，详于地理现象的记载和论述。徐霞客是献身于地理事业的伟大学者。他的伟大首先在于他把实地考察方法放在首要地位。他的研究方法和成果，使中国地理学向新阶段的发展前进了一大步。

潘季驯"束水攻沙"真相

潘季驯（1521—1595），字时良，乌程（今浙江省吴兴区）人，我国明朝督河大臣，著名的水利学家，从嘉靖四十四年（1565）到万历二十年（1592），潘季驯4次奉命治理黄河，历时27年，成绩卓著，在我国历代治理黄河史上占有重要地位。在他治理黄河河道的理论方略中，"束水攻沙"就包含有重要的地理学思想。

黄河流经黄土高原地区，河流含沙量极高，造成下游经常泛滥、堤坝崩塌、河道改道的严重局面，直接威胁着黄河中下游地区人们的生命财产，甚至国家的政治经济安危。所以，我国历代政府都将治理黄河，尤其是防治下游河流堤坝崩塌改道作为头等国家大事，出现了很多著名的治理黄河专家。其中又以潘季驯的治理黄河理论和实践尤为著名，并一直影响到清朝陈潢、靳辅的治理黄河策略方针。这就是潘季驯创立的"筑堤束水，以水攻沙"的治黄理论。

1589年，黄河水暴涨，冲入夏镇（今山东省微山县），毁坏田地、房屋，不少居民溺亡。潘季驯时任右都御史，总督河道兼理军务，他总结经验，提倡"河道紧缩法"，主张"建堤束水，以水攻沙"。他独创了"柳棍"法，用泥土、树木、绳索捆成大圆柱体，用于河堤合拢和河水改道工程，达到了非常显著的效果。

为了达到"束水攻沙"的目的，潘季驯十分重视堤防的作用。他甚至把堤防比作边防。他总结了当时的修堤经验，创造性地把堤防工作分为遥堤、缕堤、格堤、月堤四种，因地制宜地在大河两岸周密布置，配合运用。潘季驯在黄河筑堤已不是消极的防御，而是积极的导治。为了更有效地管控黄河水，他根据不同的地形、地势，制定了相应的筑堤规则及要求等具体措施。他对筑堤特别重视质量，强调筑堤一定要以纯质的泥土而不能夹杂沙，并且为达到又高又厚的程度而不惜工本，同时贯彻"逐一锥探土堤"等修堤原则，规定了许多行之有效的修堤措施和检验质量的办法，取得了较好的效果。

潘季驯"建堤束水，以水攻沙"这一理论是建立在对河流搬运力与流量、流速关系这一地理学基本原理基础上的。即：正确认识到河流流速，流量愈大，则搬运泥沙（冲积）能力愈强这一地理学基本原理（水力学规律）。

应该说，在黄河水患十分严重、河道变迁频繁的明朝，潘季驯能针对当时乱流情况，提出"束水攻沙"的科学理论，并大力付诸治理黄河的实践，是一种超越前人的创举。在他治理黄河后，不仅使河道刷深，而且改变了海口积沙高仰的形势，为黄河入海开辟了道路。而经过整治的河道十余年间未发生大的决溢，行水较畅。潘季驯又大筑三省长堤，将黄河两岸的堤防全部连接起来加以巩固，黄河河道基本趋于稳定，扭转了过去黄河河道"忽东忽西，靡有定向"的混乱局面。这些成就，是同时代的任何人所未达到的，理应受到充分肯定。

潘季驯治黄理论的建立，不仅表明我国人民很早就对流水冲积与侵蚀这一地理理论有了正确的认识，而且充分说明我国很早就将这一地理理论正确地应用在生产实践中了。

潘季驯治理黄河的成绩是显著的，特别是"束水攻沙论"的做法，对明朝以后的治河工作产生深远影响。不少水利史研究者和水利工作者都以极为钦佩的心情对潘季驯的贡献做出过很高的评价。清康熙年间的治河专家陈潢指出：潘季驯的"建堤束水，以水攻沙"理论，符合自然之理，成为以后治理黄河的金科玉律。近代的水利专家李仪祉在论及潘季驯治河时说：潘季驯的治理黄河堤坝，不但是用来防洪,同时还注重"束水攻沙",是彻底了解治导黄河的基本原理的缘故。这些评论虽然包含有不少过誉之词,但从中亦可以看出,潘季驯对明朝以后中国水利界的影响是巨大的。

在潘季驯治理黄河300年之后,一些具有现代科学知识的西方水利专家兴致勃勃地向当时的清朝政府提出了"采用双重堤制,沿河堤筑减速水堤,引黄河泥沙淤高堤防"的方案,并颇为自得地撰写成论文发表,引起了国际水利界的一片关注。然而,不久以后,他们便惊讶地发现这不过是一位中国古人理论与实践的翻版。世界水利学泰斗德国人恩格斯教授叹服道:"潘氏分清遥堤之用为防溃,而缕堤之用为束水,为治导河流的一种方法,此点非常合理。"自此,西方人终于意识到中国古代的水利科技水平是走在世界前列的,不得不对明朝著名的水利学家潘季驯表示钦佩。

6 清朝集大成地理学的辉煌

在清政府统治中国的 260 多年间（1644—1911），中国封建社会经历了由强盛走向衰落的过程。在这一时期内，与政治形势的变动相关，地理学界亦出现了显著的变化。明末清初，随着西方殖民主义者的东来，以及传教士来华，近代科学技术亦开始冲击中国的传统文化。在地理学方面也不例外，意大利传教士利玛窦带来的世界地图，打开了中国人的眼界，展现了整个世界的缩影。关于大地球形说、地图投影、五带划分、南北极、赤道、海陆分布、五大洲划分、各地名山大川，以及各国的国名和地名等新的地理知识，亦随之传入了中国。

随着明末清初西方地理知识的传入，出现了一些新的地理思想和大规模的新法大地测量。稍后，专制统治的强化、考据学的兴起，有力促进了传统地理学的发展；而到清朝后期，列强对中国社会政治经济的冲击，则激发了近代地理学在中国的萌芽。

可以说，中国文化发展到清朝前期，是地理学集大成的时期，许多方面都趋于成熟，传统学术取得了突出的成就，达到了最高水平，带有包容万象的特色。

西方先进地理知识的引进

1. 大地测量与地图方面成就

中国是世界上最早绘制地图的国家之一，地图的传说可以追溯到夏朝（约公元前 21—约前 16 世纪）。中国绘制大地坐标系统的实测图想法萌发于明朝时西方测量技术的传入，实际的测绘则是开始于清朝的康熙、乾隆年间。

继利玛窦之后，西方地图学在清朝继续传入中国。康熙、乾隆年间，中国政府聘请西方传教士白晋（Joachim Bouvet，1656—1730）、雷孝思（Jean Baptiste Regis，1663—1738）、杜德美（Petrus Jartoux，1668—1720）等10人来中国从事大地测量和绘制地图，并传授这方面的知识，从而引进了西方大地测量学和制图学。这对中国传统测量学和制图学可以说是一次革命性的创举，所取得的成果是世界地理学史上的大事。

在受到西方先进地理新知识的刺激下，清初康熙、乾隆两朝采用西方科学方法，进行了两次大规模的全国大地经纬度测量和地图编制工作。

第一次从1708年开始测制，历经10年，全部工作由康熙皇帝主持，重大计划、方针、法规也由他亲自裁定，具体人选、组织机构、工作质量他都过问。在大规模的测绘工作正式开始以前，康熙皇帝还命传教士先行试点，绘制出北京附近地图。他亲自校勘，比较旧图，确认新图远胜旧图之后，才下令开展大规模的测绘工作。清廷组织大量人力和物力，在来自于欧洲耶稣会士的指导下，对全国进行了一次声势浩大的大地测量活动，即使是道远路阻的西藏地区也派专员前往。这是我国第一次大规模全国大地测量工作，完成了有名的《皇舆全览图》编制，这不仅是中国，亦是世界上第一次运用近代制图学方法进行的全国性测量，规模之大、测量之精确，令西方国家叹服。《皇舆全览图》全图按省分幅，共计41幅。采用以投影法和经纬度制图法绘制，以汉、满文共注地名，其中满文用以边疆，汉文用以内地。第一次实测了台湾省地图。除了制图术外，在尺度丈量上的全国统一，实地测量地球的子午线弧长等，都给清朝地图制图充实了依据，提高了制图质量。

第二次对全国经纬度的测量，是在1755

利玛窦

年清政府对西北准噶尔部的战争结束以后，乾隆皇帝立刻派人深入西北地区，勘测地形并绘制地图，补测了新疆地区的经纬点，获得哈密以西至巴尔喀什湖以东、以南地区约90个点的经纬度数据，填补了康熙《皇舆全览图》上西北地区的大量空白之处；同时，清政府陆续修订各省旧有舆图，最后制成规模宏大的乾隆《内府舆图》（又称《乾隆十三排图》），这也是采用经纬度和投影法制成的地图。它所涉及的范围约比《皇舆全览图》大一倍，图上的地理范围，以中国为中心，西至波罗的海、红海、地中海，北至北冰洋，南至印度洋，东至东海，是一幅真正意义上的亚洲地图。

康熙、乾隆时期这些大地测量以及在其基础上编制的地图，不仅是制图技术进步的标志，无疑也是我国人民对当时中国及其周边地区地理深入认识的一个标志。它比过去任何时代都要深入、仔细，这项工作在当时是走在世界前列的。例如世界最高峰珠穆朗玛峰就是在康熙时期测量时，首次明确载入地图。这要比印度测量局的英国测量员额非尔士在1852年对珠穆朗玛峰的测量早135年。

康熙、乾隆年间的地图测绘成果不仅影响了整个清期，还影响到民国初年。期间出版的地图，十之七八都是根据这一成果而绘制的。康熙、乾隆时期绘制的地图，类型丰富，数量繁多，在中国古代地图发展史上达到了一个巅峰。

清朝自1644年入关后，经过几十年的征战，到乾隆时期，才最后形成一个幅员辽阔的统一大帝国。乾隆时期（1736—1795），清朝国内辖地除盛京、吉林、黑龙江三将军辖区以外，还包括称为本部的18行省（山东、山西、陕西、甘肃、四川、河南、湖北、湖南、安徽、江苏、江西、浙江、福建、广东、广西、贵州、云南、直隶）和称为藩部的内蒙古、青海蒙古、喀尔喀蒙古、西藏、新疆等地。清王朝的疆域北至恰克图，南至海南岛、团沙群岛，西至葱岭，东至外兴安岭、库页岛。清王朝不仅拥有这样广阔的疆域，而且对之实行了有效的统治和管理。清王朝建成的是一个国势强大的统一国家，特别是经过康熙、乾隆两次组织的大范围全国地图测绘工作，使当时人们对中国领土内的地理状况有了相当深入的了解。较之前朝，清人对境内山脉体系、江源、河源、气候分布规律等，都有了新的更高层面上的地理认识。

2. 清朝新的地理思想与成就

由于受西方科学地理学原理和方法的影响，以及长期的地理知识积累，清初出现了几位具有先进地理思想的著名地理学家——顾炎武、刘献廷、顾祖禹和孙兰等。他们在地理学科发展、人地关系、自然地理理论等方面，都各有新的见解。

清初，顾炎武（1613—1682）把地理学作为经世的工具，用以探求有益于国计民生的方略。他认真考察和研究"山川风俗疾苦利病"，特别是在军事上可能会起重要作用的地理位置，这也是他为反抗清朝统治所做的一种准备。他的著作《肇域志》100卷，专讲地理沿革、建置、山川、名胜。《天下郡国利病书》120卷，专论地方利病。此外，还著有《昌平山水记》《营平二州地名记》和《日知录》等。

顾炎武的《天下郡国利病书》和《肇域志》是为两部规模宏大的地理著作。

《天下郡国利病书》以讲究郡国利病贯穿全书，重点辑录了兵防、赋税、水利三方面内容。作者十分重视研究各地兵要地理，深感兵防之重要，所以书中对全国各地的形势、险要、卫所、城堡、关寨、岛礁、烽堠、民兵、巡司、马政、草场、兵力配备、粮草供应、屯田以及有关农民起义和其他社会动乱等方面资料，全都加以详细摘录。所以梁启超在《中国近三百年学术史》中称此书为"政治地理学"。

《天下郡国利病书》一书中还有大量沿革

顾炎武

《天下郡国利病书》

知识链接

16世纪，欧洲的科学革命开创了科学技术蓬勃发展的新局势，并引起了欧洲社会的重大变革，与沉闷的中国社会和学风形成鲜明的反差。随着西方殖民主义者的东来，以及传教士的来华，近代科学技术亦开始冲击中国的传统文化和科学技术。

明嘉靖三十二年至三十六年（1553—1557），葡萄牙人入居澳门，澳门成为耶稣会在东方活动的重要据点。最早进入中国内地的传教士是利玛窦（Matteo Ricci, 1552—1610）。利玛窦，意大利人，耶稣会会士，1582年到澳门，先后在肇庆、韶关、南昌、南京传教，1601年定居北京，直至去世。为了在中国立足，他学汉语，习华俗，着儒服，并按中国士子的习惯起中国名号。同时，他利用传播近代科学技术，在中国知识阶层扩大影响，成为在中国传播近代科学技术的第一人。著名的科学家瞿太素、徐光启、李之藻都曾向他学习，受到他很深的影响。

经由利玛窦介绍而传入中国的近代科学，主要有数学、天文学和地理学等几个方面。

地理学方面，利玛窦带来的世界地图，打开了中国人的眼界，展现了整个世界的缩影。关于大地球形说、地图投影、五带划分、南北极、赤道、海陆分布、五大洲划分、各地名山大川，以及各国的国名和地名等新的地理知识，亦随之传入了中国。利玛窦还应肇庆知府王泮的要求，绘制了中国居于正中的世界地图，取名《山海舆地全图》，并标以中文，成为用中文印刷的第一张世界地图。从万历十二至三十六年（1584—1608），这幅图刻印或摹绘达12次，图名小林《山海舆地图》《舆地全图》《万国图志》《坤舆万国全图》《两仪玄览图》等。

明末清初，不少西方基督教传教士远渡重洋，来到我国进行传教活动，为了取得中国士大夫的信任，他们也不断将西方带来的科学技术知识介绍给中国人民。如明万历初年来华的意大利传教士利玛窦（1552—1610）就曾绘制了多种世界地图（如《山海舆地全图》《坤舆万国全图》等），介绍西方地理知识和成就。由于他的地图是运用西方科学的地球球体观念、经纬度和科学投影法来绘制，同时又吸收了地理大发现的新知识，因此，他的地图就给中国人带来一个新的世界，给中国人的地理观念和认识以极大冲击。如通过他的地图，给人们介绍了有关地球说和寒、温、热带的划分；介绍了整个世界地理概貌：当时已将世界分为五大洲，即欧罗巴（欧洲）、利未亚（非洲）、亚细亚（亚洲）、南北亚墨利加（南北美洲）、墨瓦蜡泥加（澳洲），同时还把五大洲的位置及四邻界址作了扼要说明；各洲之上还标出了汉语国名，河、湖、海、岛名称。其中一些名称一直沿用至今，如地中海、尼罗河、罗马尼亚、罗马、古巴、大西洋、加拿大、南极、北极、地球、经纬线、赤道、北极圈等。此外，他还以科学方法测定了中国许多地方（如北京、杭州、西安、太原等）的经纬度，指出绘图中经纬度的重要性，以及经纬度的表示方法等。

利玛窦之外，其他传教士如蒋有仁、艾儒略、南怀仁等也都向中国介绍了不少新的地理知识，扩大了清初人们的地理视野，也提高了投影法、经纬度测量在地图制作中的重要性和意义。

此外，配合清初大地测量还有两点重要的地理观念产生。一是在总结实测经纬度数据的基础上，为了制图计算方便，规定以当时的工部营造尺（1尺=0.317米）为标准，1 800尺（即600米）为一里。即每尺刚好合经线百分之一秒。把长度单位与地球经线每度弧长联系起来，这在当时是一个创举，是以球形体来确定尺度的最早尝试，比18世纪末法国人以赤道长度来规定米制要早约80年。另一件事是，在康熙时的测量中，通过对穿过中央子午线的霸州（39°N）至交河（38°N）间弧长，与东北齐齐哈尔以南，41°N～47°N同一经线上的弧长比较，发现东北地区1°的弧长比交霸间1°的弧长要长，而且越向北经线1°的距离越长。这种经线不等距的发现，实际上是最早为"地球扁圆说"提供的实证资料。

地理、军事地理、民俗文化地理等材料。全书实际汇总了政治、经济、军事、历史、地理等各方面资料，这些资料除了摘自方志外，同时也辑录于实录、文集、邸抄及其他各种史料，其中不少现今已失传，或已成罕见的碑刻和地方史志材料，十分珍贵。

《肇域志》，是一部有关明朝的地理总志，始作于1639年，完成于1662年，有300多万字。顾炎武学识广博，征引丰富，为撰此书，他阅读了1 000余部明朝方志、专志，及一代名公文集等。全书蕴含极为丰富的历史资料，广泛记录各地自然资源、民族习风、农田水利、赋役漕运、商业贸易、兵防交通等，不仅是一部地理总志，更是一部社会史的实录，故具有较高的学术价值。

刘献廷（1648—1695），字继庄，又字君贤，自号广阳子，顺天府大兴（今北京市大兴区）人。他主张经世致用、学以致用和经济天下，认为学问不应只满足于了解一些书本知识。他对礼乐、医术、法律、农桑等都有钻研，而以对地理方面的认识见长。针对中国历代地理著作重沿革、人文，且偏重描述的特点，他提出地理学必须科学化，必须注意自然地理规律的探讨。

刘献廷第一次对我国古代地理学重视沿革、古迹、城池等"人事"传统的治学、著作体系，提出了反对意见，认为单讲那些内容是不够的，还必须注意自然地理规律的研究和记述。而关于改革地理学，使之科学化的具体方法，他提出在区域地理著作的"疆域"记述之前，亦即地理著作的开头，要先根据北极星高度与地平线角度，求出该地的经纬度表，然后就可以根据经纬度的差异来推求各地节气的早晚等自然规律。

刘献廷的这一先进思想，无疑对改变我国古代地理学的沿革地理传统，促进地理学趋向近代化、科学化，有着积极的意义。然而，他的观点和思想却并不为当时人们所重视，甚至在他死后不久的乾嘉时期，反倒兴起了一个更趋向沿革古迹"人事"化的沿革地理学热，使以沿革地理为主要特征的中国古代地理学得到更大的发展。

顾祖禹（1631—1692），字瑞五，号景范，明末清初江苏无锡人，著名军事、历史地理学家。自幼聪颖过人，好学不倦，背诵经史如流水，且博览群书，尤好地理之学。他耗费了38年时间，写成《读史方舆纪要》，于1811年刊行。全书共130卷（后附《舆地要览》4卷），约280万字。这是一部以军事地理为主，集自然与人文地理于一身的划时代地理名著，被当时学者誉为"千古绝作""海内奇书"。长期以来由于《读史方舆纪要》内容丰富、地名齐全、考订精详、结构严密，至今仍成为历史地理学者乃至研究历史、经济、军事的学者们必读的重要参考书。

为了编撰这本巨型历史地理著作，顾祖禹先后查阅了二十一史和100多种地志，旁征博引，取材十分广泛。同时，他也比较注重实地考察，每凡外出只要有空闲时间就必观览城郭，而且对于山川、道里、关津无不注意察看，并且深入调查，无论过往商旅、征戍之夫，乃至与客人谈论时都注意对地理状况的异同进行考核、分辨。

《读史方舆纪要》一书受到军事家的特别重视，公认是研究中国军事史、历史地理的重要文献，是因为它有如下鲜明特点。

首先，全书具有非常浓厚的历史军事地理学特色，其核心在于阐明地理形势在军事上的战略价值，着重记述历代兴亡大事、战争胜负与地理形势的关系。

其次，顾祖禹十分注重对于军事的记述。鉴于明朝统治者不会利用山川形势险要，未能记取古今用兵成败的教训，最后招致亡国的历史，他在书中着重论述州域形势、山川险隘、关寨攻守、引证史事、推论成败得失，详细记载历代兴亡成败与地理环境的关系，而对名胜古迹的记载则相对简单得多。

《读史方舆纪要》在论及地理形势的战略价值时，注意到"设险以得人为本"，不能只凭地利决定胜败。要求明白"险易无常处"之理，应该灵活运用地利。在论述历代都城的变化和原因时，顾祖

《读史方舆纪要》

禹认为是由许多因素决定的，并非地势险固决定一切。首先，都城的选择与当时的形势有关，此时可以建都的地方，而到彼时则不一定适于建都。其次，是否适合建，不但要看地势是否险固，攻守是否有利，而且要看交通是否方便，生产是否发达，对敌斗争是否有利。由于建都的各种因素并不恒定，因此不能单纯考虑山川地势。他的这种看法基本符合历史唯物主义的观点，十分难能可贵。

顾祖禹在历史地理研究中，还就地理学的基本理论问题提出了"人地相关"的见解。书中还指出，决定战争胜负的原因，地理形势固然重要，但带兵将领所起的作用更大。他认为山川形势对人类的政治、军事、经济活动固然有很重要的作用，但也绝不能忽视人的作用，其实真正起作用的是人为的条件，是人对自然的主观能动作用。这种地理思想出自他大量历史事件研究的基础之上，而且能在17世纪初就明确提出，充分代表了当时较先进的地理认识水平。

《读史方舆纪要》有关历代州域形势部分，综述明以前历代州郡位置、形势，及其与用兵进退之策和成败的关系。各省方舆部分，按明末清初的政区分别叙述15省的府、州、县形势与建置沿革、区划、方位、古迹、山川、城镇、关隘、驿站等内容，以及各处历代所发生的重要战争。这两部分形成历代地理形势、沿革、区划与战史浑然一体的独特风格，构成全书的主体。前面历代州域形势以朝代为经，以地理为纬；后面分省则以政区为纲，朝代为目，全书经纬交错，纲目分明，叙述生动，结构严谨。

《读史方舆纪要》还对农田水利的兴废、交通路线的变迁、城邑镇市的盛衰，都详略得当地有所记载。由此可见，该书不但对于军事地理、沿革地理方面，而且在经济地理方面亦有相当可观的内容。

《读史方舆纪要》中所附《舆地要览》部分，有舆地要览图36幅，沿革表35份，应该是明朝最完备的兵要图籍，由概况说明、图、表组成。概况说明，纵论天下大势，分论各省形势、山川险易、物产户口、边腹要地设防、兵员粮饷等情况；地图，除一省一图外，另有总图、京师图、九边图说、河海漕运图等；表，列有府州县、山川险要，卫、所、关城的沿革、方位、区划、财赋、丁差、民情等。

《读史方舆纪要》长期以来由于内容丰富、地名齐全、考订精详、结构严密，不但胜于唐朝成书的《元和郡县图志》、宋朝成书的《太平寰宇记》，而且超越明朝成书的《寰宇通志》《大明一统志》。若与清朝历史地理巨著、官修的《大清一统志》相比，也是各有千秋，毫不逊色。

孙兰是17世纪中国著名地理学家及天文学家、数学家、史学家、书画家。其一生中的科学贡献是多方面的，其中以地理学的成就最为突出，在中国古代科学史上占有不容忽视的地位。著有《柳庭舆地隅说》《大地山河图说》《古今外国地名考》等。在自然地理规律与学科发展方面，有许多重要见解。

在孙兰的地理学思想中，他极力主张地理著作不仅要志其迹、记其事，而且要探求自然现象的来龙去脉、前因后果和发展规律。这与近代地理学发展的指导思想是一致的。

孙兰在关于革新中国古代地理学传统方面，也提出了要进行地理规律（即所谓"说"）的探讨。在《柳庭舆地隅说》中，他首先指出了古代传统地理学的志、记与"说"的区别。孙兰这种强调重视自然地理、人文地理规律研究的思想，与刘献廷革新中国古代地理学传统的思想一样，代表了当时的进步地理学思想。

知识链接

W.M.戴维斯，美国地理学家、地质学家，美国地理学奠基人。1850年2月12日生于费城，1934年2月5日卒于帕萨迪纳。1869年毕业于哈佛大学，1890—1912年任哈佛大学教授，还先后任过加利福尼亚理工学院教授和德国柏林大学、法国巴黎大学访问教授。曾去法国、英国考察和讲学，旅行世界各大洲。组织过1912年美国地理学会横贯北美大陆考察。是美国地理学家协会的发起人之一，曾任美国地理学家协会主席和美国地质学会会长。

1889年和1890年，戴维斯先后发表《宾夕法尼亚的河流和河谷》《新泽西北部的河流和河谷》两篇论文，提出侵蚀轮回学说，用发生学观点解释地貌的发生和发展，推动了地貌学的发展，并产生广泛影响。后又发表多篇论文补充和修改侵蚀轮回说。戴维斯深入研究了美国西部和东部地区的地貌发育，探讨了珊瑚礁成因等问题。他致力于改进教学方法，推动了地理教育在美国的发展。主要著作有《自然地理学》（1898年）、《地理学论文集》（1909年）、《珊瑚礁问题》（1928年）等。

孙兰对地理学最大的贡献是提出流水地貌发育的"变盈流谦"理论。他解释说:"流久则损,损久则变,高者因淘洗日下,卑者因填塞而日平,故曰:变盈流谦。"他又将地貌的变化归纳为"因时而变,因人而变,因变而变"。这一完整的地貌发育理论,比起19世纪末美国地理学家戴维斯(W. M. Davis)的"地理循环"要早200多年。

灿若繁星的地方志

清朝是我国历史上地志修撰的鼎盛时期,清王朝非常重视地志的修纂工作。清初,康熙皇帝在1672年为了配合《大清一统志》的编修,下令各省督抚聘集宿儒名贤接古续今,纂修各省通志。同时将1661年由河南省巡抚贾汉复主修的《河南通志》颁著天下为样式,促进了一大批地方志著作的出现。据有关专家估计,目前世界上有中国地方志著作约11 000种,而见于《中国地方志综录》的至少有8 000多种,其中清朝约有5 518种。由此可见,清朝是中国地方志最重要的一个发展时期。

清朝学者的地志理论研究的成果也十分突出,所形成的理论包含的内容也十分广泛,在地志的编修过程中,学者们主要在编修的原则、方法、地志的性质、功用、体例等诸多方面借鉴以往成熟的经验或系统的理论。在今天来看,许多先进的地志理论,早在乾嘉时期就已经相当成熟和完整。当时著名学者如钱大昕(1728—1777)、孙星衍(1753—1818)、洪亮吉(1846—1808)、戴震(1723—1777)、章学诚(1738—1801)等,都发表过有关地方志学的理论见解,参加过具体的地方志编纂实践活动,使这一时期的地方志学不仅在编纂数量上,而且在理论上,都得到了长足的发展。到乾隆大修地方志时,有关修志理论方法便更受重视,并逐渐形成了戴震等考据地理派和以章学诚等为代表的地方志史志学派两大学术派别。

戴震认为志书为地理专书;章学诚认为,方志是由地理书和地方史发展而来,并进行了比较细致、系统的理论探讨;钱大昕折中章学诚和戴震二人的观点,认为地方志是"一方之徵信";洪亮吉主张方志为地理之属，所以，理论也靠近方志地理学派的观点。

两派曾经就方志的性质问题展开过几次激烈的讨论。在考据盛行的乾嘉时期，方志地理派无疑有着绝对的优势，他们的志书刊播就多一些，而方志史学派的代表人物章学诚，一生修志不少，但大都失传。不过，两派的论争在中国方志发展史上，无疑是起着拓清认识的作用。以章学诚、戴震为代表的一代学术大师，通过他们不断修志实践，总结检验，发展了方志理论，在理论探讨中取得修志理论的不断完善和成熟。乾嘉时期是一个考据时代，对于方志学这门学科而言，无疑是一个实践相当丰富，理论相对成熟的发展阶段。

乾嘉时期方志成就十分突出，可以肯定的是，这个时代所有方志理论不是以上就可以总括，也不是这几人就能代表整个时代的所有群体，只是因为，他们以自己独特的学术观点，为后世方志编修遗留了大量的实践成果和理论总结。

地理古籍整理的高潮

清朝的地理学研究领域，出现了校勘、注释、整理、补作古代地理著作的高潮，以致成为清朝地理学的主要成就和发展特点。

1. 古代地理著作的整理校注

我国古代地理著作很多，成书时间也较早，在长时间的流传中，主要靠相互传抄、翻刻，所以，到清朝，各种古代地理著作的版本就比较多，相互之间都有缺漏、差异，甚至造成意思上的矛盾。加之我国上古、中古语言文字变化较大，使后人对前人著作的理解因时代而不同。这些都为后人的阅读造成极大困难。因此，由乾隆时兴盛的"考据"学派，其最主要的工作，首先便是对古代著作进行文字、版本上的整理、校勘和意义（内容）上的注释。在地理学方面，用功最大，成绩最为显著者，主要是对《禹贡》《山海经》《水经注》等的校勘、注释。

关于《禹贡》的校勘，主要有胡渭、徐文靖、朱鹤令、丁晏等。

胡渭（1633—1714）搜集历代方志舆地著作史料，对《禹贡》的内容进行详细的考释注解，还对所谓"禹河"（传说大禹治水之后的黄河下游河道）在历史上的迁徙，以及汉、唐、宋、元、明朝黄河河道，进行了精密的考证。著有《禹贡锥指》20卷，地图47幅。

晚于胡渭的徐文靖在胡渭《禹贡锥指》的基础上，又旁征博引，补其所未涉猎之处，并参校其他版本著作，写成《禹贡会笺》12卷，总汇各种校注成果。

胡渭、徐文靖的著作在校勘《禹贡》中，最为重要，考释详细繁多，在历史地理学上的贡献是巨大的。

此外，在他们之前的朱鹤令曾写过《禹贡长笺》一书，校注《禹贡》；晚于胡渭、徐文靖的则有丁晏、程瑶田等关于《禹贡》的研究。丁晏著有《禹贡锥指正误》，以指明胡渭校注中的一些错误；程瑶田著《禹贡三江考》，主要考释长江。

《山海经》虽然成书于西汉刘向、刘歆父子，但其内容传载之事却是先秦之事，主要记载了古代神话故事、地理、物产、巫术、宗教、古史、医药、民俗、民族等方面的内容。

《山海经》现在最早的版本是经西汉刘向、刘歆父子校刊而成。晋朝郭璞曾为《山海经》作注，还有明朝王崇庆的《山海经释义》、杨慎的《山海经补注》、吴任臣的《山海经广注》、清朝吴承志的《山海经地理今释》、毕沅的《山海经新校正》和郝懿行的《山海经笺疏》，民国以后以袁珂的《山海经校注》最流行，研究《山海经》者必读袁书。

清朝关于《山海经》的校勘，主要有毕沅的《山海经新校正》18卷、郝懿行的《山海经笺疏》18卷。

毕沅主要对《山海经》的篇目、文字、山川等进行了考证，尤其是在山川方面，加强了地理内容的考释。

郝懿行的《山海经笺疏》，还附有《图赞》1卷、《订讹》1卷，是在吴任臣《山海经广注》和毕沅《山海经新校正》的基础上写成的。郝懿行的著作除文字等校释外，对山川、方位等论证，人多与毕沅相同。郝氏博采众长，其《山海经笺疏》是历代《山海经》的众多注本中颇为出色的一种。

自从北魏郦道元写成《水经注》以后，即被后人广为刊印、传抄、引用。到宋朝时，版本间已有了较大差异。所以，金朝即有人开始进行《水经注》的版本、文字整理校订，但直到明朝朱谋㙔的《水经注笺》，整理并不十分精慎。

到了清朝，对《水经注》的校勘研究一下成了一门用功最多的学问，几乎清朝第一流的学者、地理学家，十有八九都校注过《水经注》。如清初有黄宗羲、顾炎武、阎若璩、顾祖禹、胡渭、黄仪、刘献廷；清中叶有齐召南、全祖望、戴震、赵一清、孙星衍、段玉裁；清晚期有陈澧、王先谦、杨守敬、熊会贞、丁谦等。当时为《水经注》校勘、考订、注释、作图的各种版本不下50种，而其中最著名的有全祖望、赵一清、戴震、王先谦、杨守敬的整理本，即：全祖望的全氏《七校水经注》、赵一清的《水经注释》、戴震的《水经注》、王先谦的《合校水经注》、杨守敬及熊会贞的《水经注疏》。

除以上几种地理著作的校勘、整理外，清人还对《穆天子传》、晋朝法显《佛国记》、唐朝杜环《经行记》、元朝耶律楚材《西游录》等著作中的地理问题，也都进行了校勘、注释、整理。

清朝对古代地理著作的校勘、整理、注释，主要取得了如下三方面的显著成绩。

第一，订正文字，理顺版本。即通过文字、版本比较校勘，恢复了各种地理著作的原来面貌，便于后人阅读、使用。如全祖望、赵一清、戴震的工作，就在于校理清楚了《水经注》在传抄流传过程中，"经"文与"注"文之间、篇目之间的混乱现象，逐渐理出一个比较正确的《水经注》版本。

第二，订正讹误，增补内容。如吴卓信的《汉书地理志补注》，就对班固《汉书·地理志》中许多错讹之处，旁征博引予以纠正。杨守敬的《隋书地理志考证附补遗》，为《隋书·地理志》全文的6倍，不仅纠正了《隋书·地理志》中的错谬之处，更重要的是扩大、丰富了它的内容。

第三，对一些沿革地理问题进行了探讨。清朝学者在对古代地理著作的校勘中，往往依据多种资料对一些政区沿革、河道变迁等问题，进行系统的探讨。如胡渭关于黄河河道的历史变迁考证、杨守敬《水经注疏》中的许多考释工作等。

2. 古代"正史"《地理志》的补作

清朝以前的24部"正史"中，16部有《地理志》，清朝学者对这些"正史"《地理志》进行校勘、注释的人很多，著作也很多。主要有：钱坫撰、徐松集释的《新斠注汉书地理志集释》16卷、汪远孙《汉书地理志校本》2卷、陈澧《汉书地理志水道图说》7卷、洪颐煊《汉志水道疏证》4卷、徐松《汉书西域传补注》2卷、吴卓信《汉书地理志补注》103卷、毕沅《晋书地理志新补正》5卷、杨守敬《隋书地理志考证附补遗》9卷等。

在清朝校注"正史"《地理志》的学者中，尤以清末丁谦（1843—1919）的校注考证最为丰富和著名。丁谦刊行于世的"正史"地理考证著作就有17种35卷。上自《汉书》，下及《明史》的边疆域外地理都有考证。如《汉书·匈奴传》地理考证2卷、《汉书·西域传》地理考证1卷、《后汉书·东夷传》地理考证1卷、《新、旧唐书·西域传》地理考证1卷、《明史·外国传、西域传》地理考证2卷等。

清朝学者在对"正史"中的《地理志》进行校勘、注释的同时，也对24部"正史"中没有《地理志》的八部（即《史记》《三国志》《梁书》《陈书》《北齐书》《周书》《南史》《北史》）进行了研究，在汇集、分析古代相关资料的基础上，对它们进行了《地理志》的补著工作。其主要成绩如下。

吴增仅撰、杨守敬补正的《三国郡县表附考证》8卷；谢毓英的《三国疆域表》2卷等，可补《三国志》无地理志之缺；洪齮（yǐ）孙的《补梁疆域志》4卷，可补《梁书》无地理志之缺；臧励龢《补陈疆域志》4卷，可补《陈书》无地理志之缺；汪士铎《南北史补志》14卷，可补《南史》《北史》无地理志之缺；练恕《五代地理考》1卷，可补《旧五代史》郡县志及《新五代史》职方考的简略。《北齐书》《周书》虽未有专门补志，但实际上杨守敬的《隋书地理志考证补遗》，对梁、陈、北齐、北周、隋的地理都有补注和考证。此外，洪亮吉的《十六国疆域志》(16卷)，也对《北齐书》《周书》地理志的补著有一定意义。

总之，由于清朝学者的努力，基本上补齐了我国古代正史中的《地理志》一章，使自汉至清一直贯穿下来，形成我国古代地理学中独特的正史地理志著作体系。

近代中国外国地理学开山之作——《海国图志》

1842年出版由魏源主编的《海国图志》，是我国最早由中国人自己编撰，并采用经纬度、投影等近代科学方法配制地图的世界地理著作。

魏源（1794—1856），清中叶著名思想家、文学家和地理学家。在鸦片战争后，为了使国人了解外国，寻找御侮强国的道路，他在爱国将领林则徐的鼓励支持下，以林则徐搜集和请人翻译的英国人慕瑞所著《世界地理大全》编成的《四洲志》为基础，大加增补著成《海国图志》一书（50卷，共49万字），1842年刊印。到1847年时，他将该书扩大到60卷，1852年又扩大到100卷，84万字。

《海国图志》一书大量参引中外历史地理著作，除林则徐编的《四洲志》外，还有我国古代的《史记》《汉书》《水经注》，以及清朝陈伦炯的《海国闻见录》等著作、外国传教士艾儒略的《职方外记》、南怀仁的《坤舆全图》等，以及各种文件、奏折等，至少有百种以上资料被参阅引用。同时参照香港"英夷公司"制的《大宪图》，绘制全新的世界各国地图80幅，又以66卷的巨大篇幅，详细叙述各国历史地理。

明末清初，西洋传教士利玛窦等人来到中国，带来了世界知识的新事物，但却不被人们所重视。鸦片战争爆发前，妄自尊大的清朝皇帝和达官显贵，竟不知英国在何方，为什么能成为海上霸王。《海国图志》的出版发行，打破了这种孤陋寡闻的状况。

《海国图志》主要有两部分内容：一部分是撰述部分，包括《筹海篇》及各总叙、后评和文中夹注，表现了魏源的反侵略思想和抗敌策略；另一部分是根据当时所能得到的资料介绍外国历史地理情况,包括南洋、印度、非洲、欧洲、南北美洲,这是全书的主体部分。《海国图志》的特点是以地理记述为主,但是介绍了许多西方各国历史、政治、经济、科学技术、宗教、历法等各个方面,使中国人对一向生疏的西方世界有了宏观的了解。如地圆说、西方的议会制度,以及西方的商业、铁路、银行、学校等各个方面。这些都大大开阔了中国人的地理视野,使得人们终于能够跨出"国界",开始认真地去了解认知近代世界了。

《海国图志》根据清朝时所能获得的资料,不仅详细记述了世界各国历史、地理、制度、文化习俗等,而且还提出了许多伟大的见解。书中一再叮嘱中国人要重建宽广胸怀,不要将西方文明视为洪水猛兽,东西方文明尽管可能存在多种多样的问题,但必须承认,这些西方文明均有中国文明所不具备的优点,中国人应该潜下心来,记住先贤教诲,一事不知以为耻等。可以说《海国图志》是近代中国最伟大的一部著作。梁启超在《清代学术概论》中盛赞这部书是中国人研制"域外地理学"的开山之作,意义重大。

《海国图志》所介绍的世界地理范围几乎接近当时的所有已知区域。所以,它是我国当时关于世界地理、世界知识最丰富的著作,对我国近代开展学习西方的"洋务运动"及维新活动,起到了重要的启迪作用,许多革新运动的领导人如康有为、梁启超等都受到此书的影响,并极力推崇它的作用。同时,它对开阔日本人的视野,对日本明治维新也起到了重大的推动作用。1851年,《海国图志》传入日本,六十卷本被翻译成日文,日本人惊为天书,认真学习之,通过此书了解西方的长处,它被奉为加强海防的经典著作,为

魏 源

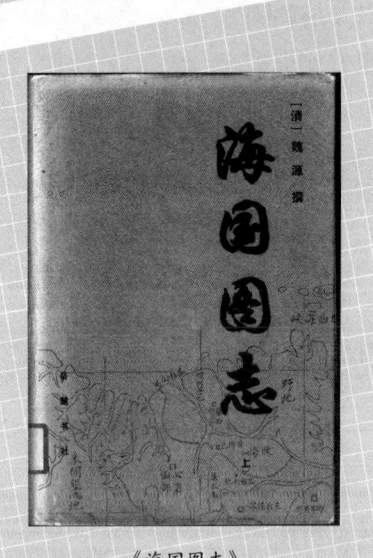

《海国图志》

不久后开展的明治维新做出了贡献。如梁启超在《论中国学术思想变迁之大势》一书中指出："《海国图志》对日本明治维新起了巨大影响。"由此可见，魏源的《海国图志》不仅在我国地理学发展史上占有重要地位，而且在世界思想史上也具有特殊地位。

《海国图志》是一部划时代的著作，其"师夷之长技以制夷"命题的提出，打破了传统的夷夏之辨的文化价值观，摒弃了九州八荒、天圆地方、天朝中心的历史地理观念，树立了五大洲、四大洋的世界历史地理新知识，传播了近代自然科学知识以及别种文化样式、社会制度、风土人情，拓宽了国人的视野，开辟了近代中国向西方学习的时代新风气。

地图系统汇编的新巅峰

地图是经济文化建设中很重要的一种参考资料。我国古代对地图的重视，可以说是世界其他各国所少有。我国绘制地图在汉朝以前已经开始，从六朝到明朝，一直是世界上数一数二的。在这一两千年的历史时期中，我国不少地图作品雄踞世界地图学的高峰。如前面提到的西晋裴秀（224—273）创造科学制图的方法称为"制图六体"：分率、准望、道里、高下、方邪、迂直。这里面几乎地图编制的主要问题都涉及了。

到了清朝，作为地理学重要组成部分的地图汇编，有了更大的发展和变化。除了各种地图大量出现外，最突出的发展变化是：历史地图集的编制和经纬绘图法在传统地图中的出现。

1. 历史地图集的编制

关于历史地图集的编制，在中国出现很早。西晋的裴秀就绘制过历史地理图集性质的《禹贡地域图》18篇。而清朝历史地图集的编制，不仅种类众多，而且在质量、范围、系统等方面，都有很大发展。

早在清朝初年，胡渭《禹贡锥指》中就附有18幅历史地图，清道光（1821—1850）时，李兆洛（1769—1841）主持编绘的《历代舆地沿革图》、杨守敬（1839—1915）所绘制的《历代舆地沿革险要图》和《水经注图》等，更是将清朝，以及中国古代传统历史沿革地理和绘制地图领域推向一个新的高峰。

李兆洛从小立志研究地理、历史学。1793年，他校读批注顾祖禹《读史方舆纪要》。1837年，他完成《历代地理志韵编今释》20卷的编纂，是针对古代地理沿革变动较大而编的古今地名对照的历史地理书。所收地名全部按韵部排列，同韵地名汇集一处，检索极其方便。该书条理清晰，叙述简明，是一部很有实用价值的历史地理工具书。1838年，李兆洛又完成了《历代舆地沿革图》，这两部著作所记皆为清朝以前的地理沿革。关于清朝，则另编《皇朝舆地韵编》2卷及《皇朝一统舆图》1卷。此舆图1842年改印成八幅墙壁挂图，现美国国会图书馆藏有一份。《历代地理志韵编今释》和《皇朝舆地韵编》，均按字韵编排而成。李兆洛在广东时，曾将吴兰修的《海录》加以增补，撰成《海国纪闻》2卷。后又翻检官修诸史中有关记载，辑成《海国集览》。此皆为记载海外异域情况之书。在其任安徽凤台知县时，还修撰了12卷的《凤台县志》。后又应安徽巡抚康绍庸之请，主修过《怀远县志》和《东流县志》。另外，他还主持参与修撰了《江阴县志》和《武进阳湖合志》。

李兆洛在地理研究上，特别注意吸收西方的最新研究成果和方法，他以朱墨二色绘制的《历代舆地沿革图》以及多种地图，都标注了经纬度。

《历代舆地沿革图》是一部历史地图集，原图较简略，后经他的弟子作了修编、订正。该图集将上至禹贡、夏、商、周、春秋战国，下迄唐、宋、元、明各朝地名，分注于上。绘图方法是以每方作百里，经纬线以红色虚线表示，古地名以黑色注记。图集还把《沿革表》《一统志》中的各地历史沿革注于图上，以便相互对照。

杨守敬的《历代舆地图》，或作《历代舆地沿革图》，或题《历代舆地沿革险要图》。

杨守敬一生具有多方面的成就，尤以地理学的成就最为突出。

他对我国正史地理志和其他地理著作，都曾深入研究，撰写、绘制了10余种历史地理著作和72幅历代沿革舆地图。他的《隋书地理志考证》和抄补《太平寰宇记》缺佚，备受世人称道。他与门人熊会贞历时数十年，写成《水经注疏》巨著。

杨守敬主持编纂刊刻的《历代舆地图》，是中国清朝最著名的历史考证地图集。在1906—1911年陆续刊行。该地图集共分358卷，45个图组，分装为34册。《历代舆地图》主要以清初实测地图《乾隆内府舆图》为地理底图，同时参阅税安礼编辑的《历代地理指掌图》、六严的《舆地图》、胡渭的《禹贡锥指》中地图等，加以考订。

杨守敬《历代舆地图》图集绘制遵照古法，用黑色表示古代内容，用红色表示清朝内容。古今对照，十分方便查阅。从春秋战国至明朝，凡见于先秦典籍及正史《地理志》上的可考地名，基本都已绘入。图中还用黑体字对历史事件和地名的变迁在图上加注说明，图注中有不少是对历代《地理志》的讹误进行补正，比以前的历史地图都要全面、详细、精确。

《历代舆地图》开始部分《历代舆地沿革险要图》70幅，概略表示历史境域大势。然后，标绘自春秋战国至明朝，按中国历史朝代的先后顺序，安排图幅，详细表示各朝代统治势力的主要涉及范围、行政区域、城池、水道、关塞险要等地理要素。其中隋朝以前各幅地图多附有序、表或札记等。详细表示了中国历代疆域、政区、都邑等，是中国古代最完整的一部历史沿革地图集，现藏于北京图书馆。

《历代舆地图》无论从制图方法，还是从其通古贯今的内容系统性上，都具有极高的科学价值。是清朝，也是中国地理学史上旷世绝学的一部沿革地图集，它一出版，即广为流传，影响极大。

直到20世纪70年代中期《中国历史地图集》出版前，《历代舆地图》还是中国历史地图中最重要、最富学术价值、最全面的一种，是中国历史地理学和历史地图学的一个里程碑。1954

杨守敬

年，毛泽东询问历史学家吴晗，读中国古史时如何能了解古地名之今地在何处，吴晗推荐了杨守敬此图，又指出此图翻检不便，所用地名均为清末，与今地名不同，建议加以改编。毛泽东采纳吴晗建议，命吴晗组织"重编改绘杨守敬《历代舆地图》委员会"，并召复旦大学谭其骧教授进京主持。此后几经周折，方决定新编《中国历史地图集》，至1989年初出全八册。

《水经注图》，是杨守敬另一部重要的历史地理地图，该图是杨守敬为了配合校注北魏郦道元《水经注》而作，全图采用古今对照、朱墨套印法，将郦道元《水经注》所述各项内容，标注在清朝地图上。

在我国记载历史地理沿革的著作中，除以朝代为纲的体例外，还有一种以水道为纲的体例。这种记载历史地理的体例创始于《水经注》。而《水经》是我国传世的第一部记述河道水系的专著，其成书年代各说不一。大体上中唐以迄宋元，人们多认为是汉桑钦所作。清朝以后经过全祖望、戴震、赵一清及杨守敬等人对该书的文字、地名等内容进行考据，认为它非出于桑钦之手，其问世上不及两汉、下不达两晋，实成书当出自三国时人之手。

北魏郦道元《水经注》是我国6世纪前综合性的地理著作。它具有很高的史学、地学和文学价值。

杨守敬曾说：该图制作全部都是遵循郦道元《水经注》中的步骤，每一条都一定加以一一考证看是否吻合，用书来考证图，再以图来验证书，古今对照，图文互证，相得益彰，做到书图的全部吻合，并且使得历史上的流移变动了如指掌。它也是中国历史地理研究的又一重要成果。

2. 西方经纬度绘图法的应用

1821年，阳湖人董方立以乾隆内府地图为基础，编绘了《皇清地理图》。1832年，李兆洛在此图基础上，做了改进和创新，编绘了《皇朝一统舆地全图》。该图以京师为中心，制图范围东至大海，达 31° E，西至喀什噶尔，达 46° W，跨经度 77°；南起海南岛崖州，北至黑龙江。以矩形分幅，宽20.3厘米，长27.7厘米，共有64幅图。纬度差

5°30′为一排，共八排。比例尺约为1:2 700 000。雕版双色套印，居民地符号和经纬网用红色印刷，其他要素用黑色印刷。该图的一大特点是将经纬网与方里网同时表示在图上。图上经纬网的表示与《乾隆内府地图》完全相同，以通过京师的子午线为起始经线，向东依次为东一、东二……向西则为西一、西二……以垂直于起始经线且平行于赤道的直线为纬线，均为一度一格。图上方里网以起始经纬为纵坐标，以赤道为横坐标，纵横两组直线相互正交，其间距为起始经线上纬差半度之长，以取每方百里为比例。经纬线用红色虚线表示，方里网用黑色实线表示。

康熙、乾隆时期运用西方科学的经纬度制图法实测编绘的《皇舆全览图》和《乾隆内府地图》，测绘手法先进，资料准确，但由于它们被深藏于皇宫内府，仅有少数官吏得以见到，加之国人对于测绘科学不甚了解，它们未能得到普及。李兆洛考虑了实际应用和测天绘地的需要，将两种制图网格表示在一起，开创了我国实用制图网格的历史。其后，此法被不断应用于各种地图中，促进了清初测绘成果和西方科学测绘技术的普及。李兆洛在表示两种制图网格时，不是将它们机械地套合在一起，而是考虑到了两者之间的内在联系，与现代地形图的表示方法相类似，符合地图科学发展趋势。

受到李兆洛实用制图网格的影响，清朝晚期许多中国人绘制的传统地图中，出现了不少采用西方制图法的痕迹，如1863年湖北出版的《大清一统舆图》(又称《皇朝中外一统舆图》，邹世诒、晏圭斋等编绘)，就是将西方的经纬度和传统的计里画方法混合使用。清末，为编制《大清会典舆图》，在其所规定的制图条例中，明确规定了以传统画法为基础，采用西方制图法，如：既规定使用计里画方法，又要求省图在可能的情况下使用"圆锥投影"法。而在已编成的许多省级地图集中，都体现了这种中西制图法混用现象，如《甘肃全省舆地图》《陕西全省舆地图》等，不仅有经纬度，还有图例方面的科学化革新。尽管这些图上的经纬度、投影法等，都极为简单，不准确，但却是中国传统地图法向近代科学制图方面转变的一个重要标志。

自20世纪以来，西方地图理论在中国日渐隆盛，早在1916年林有壬就翻译发表了有关大地测量方面的论文，系统介绍西方地图测绘工作的新进展（《地学杂志》七卷一期），此后，曾世英等人即注意到摄影测绘与地形、投影的关系（《地理学报》，三卷三期，1936年）等。20世纪30年代的中国地图学已努力与西方新的地图学理论方法保持同步。1933年上海《申报》馆出版了由丁文江、翁文灏、曾世英三人合编的《中国分省新图》，它们均采用等高线及分层设色法表示地形，新的投影法（前图为亚尔勃斯投影，后图主要为圆锥投影）。该图一出版，即大受欢迎，也深受西方同行的赞誉。先后增订五版，成为此后几十年中国各式地图的基本图样，也使中国传统的旧式地图逐渐走向消亡。因此，可以说，西方制图法从此彻底取代了中国传统的"计里画方"法制图学。

用200年写成国家地理总志

清朝是我国地理志发展的兴盛时期，也是理论建立并趋于成熟的时期。在这一时期，地理志的编纂、地理志理论的探讨与研究，都出现了前所未有的繁荣局面。《大清一统志》的编纂起到了积极的推动作用，并产生了深远的影响。

《大清一统志》，清朝国家官修地理总志，是清朝最重要的地理类文献。从1686至1842年，经康熙、雍正、乾隆、嘉庆、道光五朝，几乎横跨2个世纪，将近200年的时间，共编辑过3部：即康熙《大清一统志》、乾隆《大清一统志》《嘉庆重修一统志》。是继隋朝《隋区域图志》、唐朝《元和郡县图志》、宋朝《太平寰宇记》《元丰九域志》、元朝《大元一统志》、明朝《大明一统志》以来的集大成之作。三部《大清一统志》的编纂是清朝重大文化工程，工程之背景、启动、组织、实施与管理、告竣也多有周折。

康熙《大清一统志》，共342卷。清朝自努尔哈赤统一长城以北，顺治皇帝统一大顺、大西，至康熙三年（1662），最后统一南明。二十年（1681）平定三藩之乱，二十四年（1685）又击败沙俄侵略者，国内出现了空前稳定的局面。同明朝相比，无论是政区、边界，还是职官、户口、田赋、物产等，都有程度不同的变化。为了全面了解并掌握国内的情况，进一步治理国家，1685年，康熙下令编纂《大清一统志》，以反映当时国内变化的情况。经历康熙、雍正、乾隆三朝68年，至1743年完成。从首都直到全国，共有18省及其所属1600多府州县，57个外藩属国，31个朝贡之国。每省皆先立统部，冠以图、表，次述分野、建置沿革、形势、职官、户口、田赋、名宦。诸州府又各立一表，次述分野、建置沿革、形势、风俗、城池、学校、户口、田赋、山川、古迹等21门。其后续修、重修，基本上都是沿用这个体例。

乾隆《大清一统志》，共500卷。其体例与康熙《大清一统志》相同，只是增加了新疆地区和雍正至乾隆时期的变化内容。就这一点来讲，它比前者进步，价值要大。与此同时，内地和东北、内外蒙古地区的政区、赋税、人口等，也有大小程度不同的变化。这样，原来的康熙《大清一统志》已经不能适应当时的需要了。于是，1764年，乾隆下令续修《大清一统志》，以反映变化的情况，满足当时的需要。续编《大清一统志》，首先要测绘、制作青海、西藏、新疆地区精确的地图，编写《西域图志》等边区的图书，并动员各省官员收集、整理、上交有关《大清一统志》所需的资料等，工程也相当大。因此，历时20年，至1710年方才完成。

《嘉庆重修一统志》，不仅仅是嘉庆二十五年（1820）以前的清朝地理总志，而且也包含了以往各朝的地理志内容，因此，成了每一个研究中国历史、地理工作者的必读书籍，而受到官方、学者的重视，同时，它也为我们研究清朝历史提供了许多宝贵的资料。可见，它的价值和重要性，超过了以往的任何一部地理总志。

它最大的缺点，是只反映到清嘉庆二十五年（1820）为止。由于编辑者学术水平不一，其中不少内容存在错误，封建糟粕也不少；还有，它把当时派使臣来华的所有国家，统统称作"朝贡各国"，列为专门，排于书尾，根本与事实不符。

然而这是受时代的限制，是封建时代任何一部官修地理总志所不能避免的。但是，这并不能否定《嘉庆重修一统志》伟大的学术价值与重要性，也不能掩盖它在世界历史地理著作中的光辉地位。

中国近代地理科学的创立

我国古代一直将地理学作为历史学的附属品,没有作为专门的学科,就连地理著作的编排归类,也都归在史部之中。这种情况极不利于地理学的发展,影响了地理学作为一门真正独立学科的建立。这种情况一直到了清末才发生了新的变化。

19世纪中叶鸦片战争以后,我国先后出现了所谓"洋务派""维新派",都提出了要放眼世界,开办新式学校,学习外国科学技术文化,以及改良旧的文化思想体系的要求。在这种情况下,地理学作为了解世界的首要对象和手段,在清末得到了令人瞩目的快速发展。

首先,是许多学者翻译了相当数量的外国近代地理著作,内容是介绍外国的地理环境、地理思想、地理方法等。据统计,从1858—1904年的46年,光翻译刊印的外国地质地理著作就有100多种,大大拓宽了中国人的世界视野。

其次,随着19世纪末新式学校的陆续开办,学校地理教育也受到了重视。如1902年和1903年,清政府两次颁布的学堂章程中,都规定了地理课程是作为正规学习的科目。在1902年的《钦定学堂章程》中规定:高等学堂政科课程必须包括中外舆地课(即中外地理课),学制三年(第一年学外国欧美、非洲及海上岛国地理;第二年学地质学大概;第三年学地文学大概);艺科则包括地质及矿产学;商务科需学商业地理等。1903年颁布的《奏定学堂章程》规定:大学堂中的经学、文学、格致、农、商五科都必须设置地理课。在文学科中还设有中外地理专业,其学制为三年,课程主要有:地理学研究法、中外地理、政治地理、商业地理、历史地理等,应该是相当专业的课程了。其中地理学研究法课程主要讲习中国与外国、气候与地理,以及财政、海陆交通、历史、动植物、文化、军事、工业、风俗等要素与地理的相互关系。《奏定学堂章程》还规定进士馆、译学馆、师范馆所必须开设的相应地理课程,计有地理总论、中外地理、地文学、各大洲地理等。在清政府1906年制定的优级师范选科章程中,规定优级师范预科一年毕业,每周要学习世界地理大要三课时；历史地理本科学制为二年，开设地理总论、中国地理、各洲分论、地质、地文和人文地理课程。从此，我国地理教育很快摆脱了中国古代以沿革地理学为主体的传统习惯。

特别要指出的是，当时的京师大学堂师范馆等，都已切实安排了地理课程。如师范馆第一年有全球大事、本国各境及地图课；第二年有外国各境与地图课；第三年有地文地质学；第四年有地理之次序方法课。据统计，仅京师大学堂师范馆，自1902年开始招生到1911年辛亥革命，9年间毕业学生306名，未毕业生约230名，即京师大学堂的师范生中约有400人受过系统的近代地理教育，标志着我国近代地理学的兴起。

张相文（1866—1933），字蔚西，号沌谷，江苏泗阳县人。我国近代地理学先驱的地理教育家、地理学家。中日甲午战争后，他深受维新思想影响，刻苦学习地理，除钻研中国地理外，也积极学习外国地理新知识，努力把我国古代传统的沿革地理学引向近现代科学地理学的道路。他很早就在许多学校讲授过地理学课程，如1899—1903年在上海南洋公学（上海交通大学前身）教地理学；1907—1912年在天津北洋女子高等学校教地理。此后又在北京大学讲授地理等。

张相文在地理教学中，吸收西方科学地理知识，结合中国特点，编著出版了中国第一批地理教科书。如1901年出版的《初等地理教科书》（上海南洋公学初版）、《中等本国地理教科书》（上海兰陵社初版）。1903年出版了《地文学》教科书（上海文明书局出版）；1909年出版了《最新地质学教科书》（上海文明书局出版）等。其中《初等地理教科书》与《中等本国地理教科书》印行总数达200万册以上，对传播西方的近代地理学影响较大。而"教科书"这一名词，也是由张相文的这两本著作所开创的。而他撰写的《地文学》一书，则是我国第一部自然地理著作。《地文学》的内容分星界（宇宙）、陆界、水界、气界、生物界五编。直至现在，普通自然地理著作的编写，其基本内容仍不出这五个方面。尤其是，在此前所翻译的外国自然地理著作，都是仅限于无机自然界，而张相文却首次增加了生物界一章，把无机自然与有机自然联系起来，这是近代地理学上的一个重要进展。此外，书中还包括了他对一些自然地理现象、规律的科学阐述和探讨。普通自然地理学的建立是区别新地理学（近代地理学）与旧地理学的重要标志之一，张相文《地文学》的出版，无疑是我国近代地理学兴起的又一标志，它也为发展我国近代地理学奠定了初步基础。

为推动我国地理事业的发展，张相文还发起组织了我国第一个地理学学术团体——"中国地学会"。

1909年9月28日，张相文邀集学界名流、各校师生和教育界官员100多人，在天津开会成立了"中国地学会"（1912年会址迁北京），会上，张相文被推选为会长。我国老一辈著名地理学家白眉初、丁文江、袁复礼、王成组、黄国璋等，都先后加入地学会活动。学会成立后，还定期出版会刊《地学杂志》，自1910年2月出第一期创刊号，到1937年抗战前夕被迫停刊，28年间共出刊180多期，发表论文1 600多篇。

特别是1911年7月出版的《地学杂志》，刊登了一则中国地学会的有奖征文启事，列出了有关地学的三类25个问题，要求应征者写出5 000字以上的论文，于当年10月寄往《地学杂志》编辑部参加评比、交流。论文内容涉及自然地理、文化地理、医学地理、人口地理、城市地理、历史地理、经济地理、政治地理、军事地理等众多领域。

由上可知，20世纪初，无论从地理教育、地学组织，还是当时地理学所涉及的研究范围、课题，都标志着近代地理学在中国的萌发。

20世纪30年代中期以后，中国地理学会成立，在我国近代地理学的奠基人竺可桢的倡导和组织下，我国近代地理学的教育和科研正式在全国范围内展开，我国地埋学也正式进入近代时期。